現代觀察 13

井窺宏觀世界

拋磚引玉集2

吳章銓 著

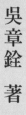

博客思出版社

目錄

序文

本書是前一冊拋磚引玉集（《宏觀中國的國際關係》）的繼續。收集的是五年來在陳憲中兄每四個星期輪編一次的《中美論壇》上所刊登的文字。只有一篇不是。

這五年中世界經歷的危機不但多而且加重，甚至有俄羅斯大舉攻打烏克蘭和以色列—巴勒斯坦之間爆發的戰火。又有新冠大疫橫掃全球三年之久，對各國生活和經濟的影響都難以估計。中（大陸）美之間的全方位競爭已經形成全球性的戰略對抗，火藥氣越來越濃。

由於人與人間、國與國間的經貿來往關係越來越頻繁，信息更是瞬間傳播，幾乎任何事情都可能牽一髮而動全身。關心時局而看問題，不得不有一點宏觀概念。筆者蝸居井窺，只能拋磚引玉，但願學者專家和讀者們多多討論這些問題。范仲淹說過，「天下興亡，匹夫有責」。其實匹夫不可能有責，但卻不能不關心。

1. 第一節是關於近年的幾個重大問題。期望國際合作，尤其期望利用聯合國機制發揮作用，平等、公正地理性解決問題。最近發生的以色列—巴勒斯坦衝突，是牽涉多方面的千百年歷史問題，其中是非曲直根本是不可能辯解的。筆者認為只能在聯合國內冷靜談判，最後不僅建立平等的兩國，並且兩國都建立為國際中立國，永不參加軍事衝突，才能一勞永逸地解決根本問題，達成長期的和平。這個中立國概念，是筆者數十年的

一貫主張，稱「瑞士模式」。

2. 第二節中美關係，是海內外華人最重視，也是國際上當前最重要的全方位戰略性對立的關係。筆者期望中美友好合作，不但對兩國有益，並且兩國有義務合作應付全球共同面對的問題。一般談國際關係和中美關係時，「中國」是指「大陸」。為了明確，在文章中有時必須指出是指大陸的中國而非全中國。

3. 第三節是大中華關係，指陸、台、港、澳四地的大中華。這幾年正值發生香港與大陸的一國兩制問題和後來的演變，以及台海緊張問題。筆者一貫主張中華同胞應友好合作，凡事和平解決，反對武統和強制性統治。最後一篇綜合地主張以聯邦制和平統一。關於聯邦制，筆者在談其他國家的紛爭時，也同樣主張。今後無論在各國國內和在國際上，未來都必然應多元包容，彼此尊重，平等和諧，才能長期和平。大中華不可能例外。香港和台灣各有特長，都對大陸的建設有重大貢獻，中華同胞一向密切互相幫助，今後也理應優勢互補。隔閡與對立的只在政治方面。以聯邦制統一，四邦各自保有其政治制度，而社會、經濟、文化來往則無隔閡，是真正的一統。台海兩岸民族、文化、語言、習俗、情感、歷史地理認同，是和平統一的有利條件。宣揚武統，文攻武嚇，都是阻撓統一。

4. 第四節是遙望大陸。在大中華中，大陸的體量最大，無論在現在的世界上或對將來的發展上，影響都是最大。而大陸的問題也最多，最複雜。大陸如果發展良好，是大中華整體的幸福，也最能促成兩岸四地問題的良性解決。本節談了新聞中爆發出來最引人注意的幾個問題。為解決各種問題，最基本的

是重視「人的發展」，即提升國民素質，改革和提升教育，改革各種不平等的制度。這兩點筆者在不少文章中再三強調。筆者還指出，大陸經濟發展的基本模式是為外國打工。最近經濟下滑的根本原因，就是外資將「打工國」的發展機遇轉去給其他國家。大陸失去國際打工的機遇，就像農民失去進城打工的機遇。當前必須盡快解除對現有人力資源的束縛，讓他們發揮被抑制的潛力，迸發新生的活力和創造力，經濟才能迅速復甦。

5. 第五節是關於俄烏戰爭。俄羅斯入侵烏克蘭，引起冷戰後東西直接交鋒的熱戰，東西兩方的國家可以說都間接在參與。關於如何和平解決這場戰爭，筆者主張通過聯合國的斡旋和談判，將烏克蘭建立為國際中立國，成為東西方之間的永久緩衝地，歐洲將永保和平。

6. 最後第六節為擴大人類生存空間，增進人們的生活幸福，提出兩個遙遠的夢想。一是提升海水化淡技術，解決缺乏淡水的問題，並開發沙漠地帶。二是在太陽能板場下建立城鎮，解決開發太陽能場浪費土地的問題。土地是寶貴的有限資源，需要兼用於生產太陽能和生活與生產。

在內部爭端不斷的國家建立聯邦國，在國際爭端無解的國家建立國際中立國，以及其他國際合作，包括擴大人類生存空間，都是遙遠的理想，甚至是夢想。然而，做夢是人的自然權利，做好夢是內心深處的美好願望。深願所有的人努力不懈，追求好夢成真。天下為公，世界大同。

吳章銓 2023 年 11 月

壹、宏觀未來國際關係的格局

一、迎接新冠的時代改變

　　病毒在地球上隨著生命出現就有了，其種類比生物種類還多得多。能夠害人的還不算多，但是歷史上多次發生瘟疫，殺傷力非常大，人類能夠對付的能力很有限。歐洲的天花、麻疹、流感傳到美洲大陸，曾滅絕好幾支印第安人種，尤其驚人。到二十一世紀，發生幾種過去沒有的病毒，如 HIV，幸好人類醫學發達，終於剋制下去。新冠病毒發展迅速，幾個月就橫掃各大洲，幾乎沒有一個國家倖免。病例已經將近 3000 萬，幸而死亡人數不到 100 萬。治療的迅速進步使發達國家的 ICU 重症病人救活率達到 90%。但是，人類至今還沒有研究出確實有效的防疫疫苗和治病藥物，唯一的防疫手段是以人與人之間的隔離來防傳染。一旦開放公共場所、恢復上學，便多次出現病例的迅速回升。人類無法知道如果放鬆抵抗，在病毒無情的攻擊下將怎樣慘敗？是否會有幾億人染病，幾百萬人病亡？一旦病例超過醫院收治的能力，社會將立刻陷入恐慌。雖然我們對人類的智慧和醫學有信心，相信人毒大戰的最後勝利在我，但是不可過份自信而自誤。科學家已經預測，新冠病毒將長期與人類同在。人類的社會經濟生活將長期處於一定的「戰時」狀態。

1. 面對這長期抗毒戰爭，家家必須儲備口罩，人人隨身攜帶口罩備用；保持人際距離，保持警惕。公共場所群聚受限制，並有可能發生疫情反覆而再度關閉社區、辦公室、學校。學生將接受網上和長程教學，與課堂教學兼用互補；很多上班族也兼在家中網上遠程工作；家庭採用網上購物、購餐和網上娛樂。進出公共場所隨時準備接受測溫和核酸檢測。那樣的生活秩序仍隨時可能中斷或調整。家庭需要經常準備禁足、隔離、封路、封市時的生活必需品。由於老年人罹病的死亡率高，有長輩親戚的人家，會經常擔心老人的安危。就像人類在自相殘殺的戰爭中，後方的人日夜擔心在前方的年輕人的傷亡。全社會和經濟秩序長期不穩定，失業率劇烈升降，中小企業倒閉的威脅不斷。政府必須經常在防疫的備戰狀態，隨時準備因應病毒的攻擊，準備好採取檢測、追蹤、管制和救濟行動。

新冠傳染沒有國界，沒有前線後方之分。病毒攻擊已經引起深入全球社會經濟各方面的改變。越是發達的美國西歐各國，疫情越厲害。其次是次發達的金磚國家。在美國，人口多且發達的州最嚴重。歐洲的情況相似。經濟發達，人與貨物的交流多，城市人口密集，服務業和娛樂等社會活動多，人傳人的機會多。但是，不發達國家的病例少，有可能是因為社會經濟和醫藥不發達，沒有能力發現病例，也沒有能力治療，因此病例統計不全。在其他國家的底層人口中，也有類似的情況：疫情的發現、報導與統計不足。

有一個統計說，在非洲貧窮國家，平均救一個新冠病毒的患者，因為無力兼顧給其他人打防疫針、治療瘧疾等傳統疾病、

無力給營養不良兒童提供食物，結果會導致 140 個其他人的死亡。因為經濟封鎖，生活無著，貧病交加而死亡的人也無從估計。

從新聞、媒體、視頻上都看到：無論南北美洲、亞洲、歐洲、非洲、澳洲，人們戴口罩、保持距離、街上沒有行人、車輛稀少、公共場所從沙灘到劇院，到學校、辦公室、工廠完全關閉。即使兩次世界大戰也沒有這樣普遍而深入地影響到每一個人的日常生活。小說電影中的星際大戰，炮火連天，傷亡慘烈，但是只發生在個別的戰場；世界上絕大多數人遠離戰場，感覺不到戰火。星際戰爭還沒有發生過，新冠病毒卻已經悄悄攻到每一個人的身邊，打進幾千萬人的身中。這個真實的戰爭，沒有硝煙炮火，但是殺人於無形，戰爭的時間地點無限。正在研發的疫苗和特效藥，其效力現在還不敢預測；是否能完全覆蓋全球 78 億人口，也是未知數。同時，病毒很可能不斷變異，尋隙攻擊。外星人也許會殺到滿足而回他們的老家去，病毒卻無家可歸，永遠在我們的地球上擴大戰果。全人類的防疫抗疫生活將成為常態。

2. 新冠病毒對社會經濟造成重大破壞。各國都採取不同程度的封城、封路、封市、禁航、禁足，關閉學校、工廠、公司，禁止社會羣聚等措施，整個經濟陷於大規模的停頓，產生大規模的失業、倒閉、國內外產業鏈、供應鏈斷鏈，引起國內、國際經濟全面失調。許多企業不但當前沒有生意，無法支持，而且前途無亮，預期不可能完全恢復，紛紛倒閉。受影響最大的是各種服務業、零售業、陸、空交通業、餐飲、旅館旅遊業、

為辦公室服務的行業等。在美國，不少一般熟悉的大公司，從高檔的 Lordand Taylor 到大眾的 J. C. Penny 都關閉或出售了。製造業因為運輸阻斷，上下游企業停頓，產品沒有訂單，職工不能上班，也是紛紛停工。中小公司底子薄，周轉難，大批倒閉或重組。

新冠疫情減緩之後，新的經濟出現：學校遠程上課，公司遠程上班，遠程開會，家庭網上購買食品和日常用品，引起原來有關的那些方面的服務業大量停擺，而遠程服務的企業則急劇擴張。為上班族服務的行業：打掃、駕駛、餐飲、開會旅行相關的行業，勢必縮小。為在家庭上班、上學、購物、休閒服務的產業則興起。產生新的經濟格局。新冠疫情沒有止期，有能力適應新的一波波新冠戰而在組織上經營上奮起改弦更張的，才能繼續生存。各種營業只能有部份恢復，底氣差的仍舊不得不倒閉。無法發展遠程和網上業務的企業，將失去競爭力。投資者、企業界、消費者都比從前謹慎，因此經濟恢復的勢頭不強。在全球產業鏈斷鍊中，每一個國家都受影響。導致經濟復甦困難。

許多依賴出口原材料的國家受傷深重。由於全球生產 - 消費水平下降，他們很難迅速恢復，轉而又影響全球的經濟。世界上幾億的移民工大量失業，必須回國，他們對家國的外匯貢獻也停止。這類惡性循環多不勝數。各國在重組中的利害得失不同，必然發生國家間、企業間的利益衝突。將是新的不安的常態。

遠程上班和遠程開會在新冠疫情前已經開始，新冠的「封」

將使「遠程」的趨勢加速。各種「遠程」企業勢必不斷完善，在未來的社會經濟中佔有重要位置。新的產業興起或擴大。例如，在各業蕭條中，Amason 業務興隆，應接不暇，大量增加僱用員工。新開發的網上會議軟件 Zoom 突然廣受應用。連聯合國大會今年也是網上開會。新興服務業將來必然促成創新技術，新的行業。網上購物促進新的送貨技術，將來會研發各種無人機和自動駕駛車，普遍應用。網上讀書、工作、購物，將影響整個生活秩序，改變城市生活格局，影響將來城市的規劃和家庭建築。許多舊的產業縮小或停閉，新的技術和產業則興起，以配合新的生活格局。這些改變，不下於一次所謂產業革命。人民的生活隨之改變。

各國政府都盡力以財政支出紓困，動輒千億、萬億美元，以保持工薪人員和中小企業的生計。那些開支將來都是必須平衡的，那將是所有企業和國民將來的共同負擔。

3. 新冠戰的時代將催動全球化合作。新冠病毒大戰，沒有一個國家逃過攻擊，沒有一個國家的社會經濟不受摧殘。每一個國家都是受害者，受害的因果關係類似，困難也相似，各國間必須以相濡以沫的方式相互提攜，不能以鄰為壑地把困難扔給鄰國或他國，否則必是自誤。因此，人類必須合作進行新冠戰，共同設法解決共同的問題。無論是防疫、治疫、解決舊的企業問題，創新新的企業，全人類是一家，全世界是一盤棋。任何內鬥，壁壘，封鎖信息或科技，都是損人不利己，害人也害己。在虛構的星際大戰故事中，人類都是合作的。在病毒實戰中，也必須合作。不合作就是給病毒滲透攻擊的機會。

　　全人類有同生共死的戰友關係：所有有關防疫治疫的研發、生產、疫苗、藥品，必須公開國際合作，全世界共享。研發的成果，不享專利，交給世界衛生組織，供給全世界合格的製藥公司生產，儘早讓全人類同胞獲得免疫。任何公司、國家、集團不可以獨佔。有能力的國家，應該出錢出力，出技術，協助其他國家辦醫學院，培訓醫護人員，建立醫護體系，生產疫苗和藥品。任何戰場被病毒突破，都影響人毒大戰全局的勝負。前車之鑑不久：從出現第一個病例，到傳遍各大洲，只不過兩三個月。因此，防疫治疫必須徹底覆蓋全球每一個人。世界上只要有一個地方還沒有完全病例歸零十四天以上，任何人都不能高枕無憂。過去衛生組織消滅天花等傳染病，也是世界各國都共同出錢出力，並不因為本國已經沒有天花等而不參與。新冠病毒隨時隨地可能攻進任何國家，所有國家基於切身利益應該參與全球的防疫治疫滅疫的工作；藥品與疫苗、口罩、檢測儀器、呼吸器、藥品等全世界免費或廉價供應；遠程醫護 tele-health 的技術也提供跨國治療。治病救人，不限於各國自己的國民。而是全球一體，救人如救己。

　　世界的經貿體系在新冠之前已經進入全球化階段。全球化有經營的效率，能較大地滿足全球人類的需要。人類防治新冠病毒也必須是全球化的。然而，至今的全球化有根本的制度性缺點：「賺錢全球化，花錢則有錢者獨享」。全球化使賺錢特別快速，迅猛，有賺錢能力或技術的個人、企業、行業，成長非常快，財富飆漲。而他們賺到的錢，不論是個人、企業、地區、國家，都是他們的「私有財產」。他們便享有高生活水平和高

福利。於是國內、國際間的貧富不均激化，各種福利的高低懸殊。其中一項就是醫療保健的福利懸殊：有錢的個人或國家，不願意納稅和出資，使他人分享醫療保健。新冠病毒勢將強迫各國接受全球普遍保健的概念：全世界全民基本健保。

醫保的內容廣泛，至今真正做到全民公保的國家還很少。就新冠戰的迫切需要而言，全球首先應該致力於新冠的防疫治疫的全球醫保。其他疾病的基本醫保，只能期待逐步跟進。

結論：全球抗毒，不應當各自為戰，相互間對抗鬥爭。任何產業也不應該只有一個品牌壟斷，而應該是多元的良性市場運作。二十世紀初美國的反托拉斯法案，將壟斷性大公司分拆，以保障消費者的利益，有利經濟發展。IT 業興起後，巨大的國際性大公司控制市場和民生，是空前的。將來「遠程」業務擴張，有關的公司一定更加發展，其中更涉及資訊被政府利用的問題，有必要不允許任何公司或國家形成世界性的壟斷。製藥公司不應是國家的戰略產業，而是開放為全球的福利產業。

所有這些，應該是全人類合作以促其成功。不幸，現在美、中、印幾個大國的領袖都在大搞狹隘民族主義，忙於對外競爭，爭奪獨尊地位；對內則把歷史上的傷疤挑出來，忽視弱勢群體。這些都與時代的需要，與本國全體國民，與全人類總的利益背道而馳。衷心期望多多出現胸懷世界的領袖，屬於全人類，眼光超過一個國家或一個黨、一個利益集團。那樣的領袖將怎樣產生呢？可惜人類還沒有辦法。（2020 年 9 月）

二、試談新冠瘟疫對今後的影響

新冠病毒是世界性大面積傳染病，病例已經超過 5000 萬，死亡超過 125 萬。第一波未了，已經發生第二波、第三波，而至今還沒有確實的防疫疫苗和治療方法與藥物。歷史上從來沒有像這次病毒蔓延得厲害：幾乎全世界地不分東西南北、人不分男女老幼，普遍受威脅。在日常生活上，幾乎人人必須帶口罩，群聚活動嚴厲受限制，必要的人際交往必須保持距離。從讀書到工作、休閒、娛樂，生產消費的經濟總體受到影響，勢必促發今後產生新的發展。美國特朗普總統在任期間，個人推特治國，對新冠疫情採取幾乎是不理睬的政策。拜登以控制新冠瘟疫為競選的主要政綱而當選。新冠對選情的影響如此。中國大陸自武漢開始，採取的是全面封控辦法。將來對世情的走向會有哪些重大影響，難以論列。本文試談經濟和社會方面。

1. 全球化：病毒的傳染沒有國界，也不分貧、富、官、民，因此全世界是生死休戚與共。只要有一個地方沒有完全消除病毒，任何地方都不安全，而新的更厲害的變異病毒隨時可能發生。這就要求各國在醫護與研發上徹底無私的合作：救人如救己。人類將第一次嘗試真正的全球合作，包括各國政府和人民全部參與。這一全球化，與至今的經貿全球化不同。至今的全球化，是「賺錢全球化，用錢我獨享（因為私有財產）」，因此各國國內和國際上都有貧富不均激化，福利不均，保健權利不均的問題。今後的新冠全球化恰恰相反，不是為少數人或企業賺錢的全球化，而是各國共同建立制度，使全世界普遍享有平等、公平的防疫治疫福利。全人類福利平等的理想太高，但

是在新冠防治上，卻必須做到。

國際合作的主要渠道之一是聯合國體系，其中直接相關的是世界衛生組織（WHO）。衛生組織在消滅天花、防治傳染病、救助孕婦健康和生命、兒童營養各方面，活人無數。衛生組織還對各種保健問題，向各國提出專家意見和保健標準，其功厥偉。關於新冠瘟疫，各國應積極參加衛生組織的工作，出錢出力，並無私地幫助弱勢國家，建立全球的防疫治疫能力，全世界才能安全。衛生組織已經與全球疫苗免疫聯盟（GAVI）及流行病預防創新聯盟（CEPI）聯合主導，確保全面授權，迅速、公平地把新冠疫苗分配給全世界。約有 156 國加入了公平分配的「新冠肺炎疫苗全球取得機制」（COVAX），但美國和中國卻沒有參加。想要捨衛生組織而另外組織新的機構，或以雙邊取代多邊談判去處理，都不明智。今後衛生組織不可避免地勢必影響每一個人的生活。

中美的合作，顯然有關鍵的重要性。兩國的政治家，應該有此識見，啟迪國民，養成擁抱全人類同胞的心態，理解防疫治疫不僅是利他，也是利己。中美應坦誠對所有國家開放，建立全球防治的合作規則和運作機制。否則，將是自甘落後於全球化的歷史巨輪之後。也是歷史罪人。

2. 新冠衝擊最明顯的是經濟。不論保守派、自由派、或什麼派（各國的政治文化不同，這些名詞在各國的意義各不相同），都重視突然的經濟下滑和人民的損失與痛苦，以及隨後必然產生的調整。新冠動輒使社區和城鎮封閉，所有經濟活動停擺，交通和運輸停止，產業鏈、供應鏈斷鍊，生產停止，形

形色色的服務業停止，白領藍領的失業，全世界以億計。購買力陡然下降，整體經濟下滑。有能力的國家，以巨額紓困金幫助百姓和中小企業渡過難關，沒有能力的國家，老百姓只好忍受煎熬。

直接衝擊之外，由於新冠使大量學校停課，改在家裡網上上課；大量辦公室工作人員也改在家遠程上班；家庭生活必需品以至食物大量使用網購。網上教課、工作、開會、購物原來已經是漸漸衝擊實體經濟的新經濟，經過新冠的衝擊，將來必然發展迅猛，導致改進或產生新的技術，新的經營方法，例如大規模利用自動化、機器人、自動車、無人機；以網上和虛擬方式教學、醫療、公司管理，乃至文化、娛樂等。許多原來輝煌的產業將淪為夕陽產業，縮小或消失；新產業興起：隨著為辦公室的需要服務的各類產業縮小，為在家庭工作而服務和網上買賣的各類產業將興起；與物聯網和虛擬相關的科技將突飛猛進。公司因經濟下滑，節省研發資金，多方設想節約。例如利用虛擬技術做銷售廣告，以網上交易和網上會議與消費者交流、合作。擴大利用 3D 技術和遠程操作進行生產和銷售。利用兼併和擴大專利技術和數據資料、軟體共享等策略，開放技術與發明，以爭取迅速擴大營業，擴大市場。新技術和新經營必然產生新的財富，和新的貧富不均等問題。新、舊產業將對抗，新產業之間產生新的競爭。新、舊行業工人和職工的交替、升降，從而產生經濟與社會的動盪、不安和衝突。各國在因應改變中，極可能發生劇烈的衝突。

從過去的經驗可知，凡是遇到經濟發生動盪、危機、衰退、

蕭條的時候，經濟學家有種種學說，最後總不免歸於依靠政府採取某些對策，調動全國的資源和人力，採取有力的措施，才有解救的力度，解決危機。社會上的知識精英和企業人士，應當群策群力，提出建議，監督政府和配合政府，完善其功能，進行恰當的治理，以化解衝突。進而推動國際上的坦然合作，提供援助，開啟新局面。沒有一個國家能夠獨善其身。中、美尤其應高瞻遠矚，理智地推動兩國合作，而不是對抗、競爭、打壓。人類只有一家。人類自己分裂、互鬥，都將導致在新冠陣前慘敗。兩國國民都應該有開放的心態，充分的教育，避免偏激的，唯我獨尊的思潮。

3. 新冠將產生巨大社會的影響：首先，健康與生命是人生最重大的要求。醫保的不平等，是絕大多數國家的宿疾，是貧富差距中的突出現象。在美國是最重要的政治爭議之一。中國大陸雖然不談，問題其實更嚴重。建立平等的醫保制度很難，但在新冠這一點上，卻勢在必行。而且必須擴充到全球的新冠醫保。衛生組織過去防治的那些病多半流行於貧困的國家，富裕的國家自願貢獻財力人力物力，幫助他們；不少充滿愛心的非政府組織人士，冒著生命危險去發病最厲害的地方做醫生護士和後勤工作。然而新冠大疫的傳染似乎在發達國家最厲害。發達國家不可能關門自保：任何地方有一點漏洞，發達國家都不可能安全。因此全世界應該期待真正的全球化新冠醫保，每個人和全體才有安全感，正常生活和健康快樂。

新冠造成的失業，涉及工、農、礦業、交通運輸、餐飲等服務業、旅遊業、和國內、國際各類移民勞工。因此社會需要

大力增加轉業培訓和提升新企業的培訓。今年高中、大學畢業生就業困難，他們的所學不能滿足社會經濟轉變中的新興需要。社會變動太快，教育失調今後將成為常態。其影響不僅限於年輕人。全世界都迫切需要擴大教育投資，建立面對未來需要的終身學習的教育與培訓體系，配合就業轉型。人們也需要養成終身學習的習慣。

歷史上，每次經濟發展進入新階段，都會產生社會失衡、分化，新舊工人對立，民粹主義，排外心理，排斥移民，國際摩擦等等現象。未雨綢繆，有必要設想社會上自我減震的機制，減緩經濟變動中的痛苦，避免社會的不安和動盪。

新冠疫情影響家庭職能的變化。由於在家讀書、工作、購物的比例增加，在家庭和社區附近的活動勢必增加，因此家庭關係勢必會加強，親子關係更親密（同時家庭問題也會增加），而社區內的人際關係也將趨向密切。

提升家庭關係可能是減輕失業和轉業痛苦的一個長遠辦法。政府可以嘗試以種種政策，如鼓勵三代同堂家庭（筆者有另文）和其他家族互助的機制，使家庭成為經濟困難中的支撐和後援，社會安定的力量。歷史上世界各民族都重視家庭，只是在近代工商業發達，人際關係社會化，家庭的重要性才減低。今後家庭可能會恢復若干支撐個人和社會的功能。

在家上班和虛擬經營的發展，將牽動未來的社區與住房設計，交通規則等的改變。人們聚居大城市的習慣可能改變，對於家居的設計和環境，勢必有新的需要。自動車、無人機的廣泛應用，需要改革城市的陸空交通設計、交通規則，和貨運設

施。將來衛星城市群可能代替單體大城市的發展，以城際快速交通聯繫而維持大都會多元城市的功能。衛星城兼容城市與鄉村的風格，將成為未來家庭的宜居地。正是網上學習、網上工作、網上娛樂的科技進步，催生這一宜居前景。

結論：地球上至今只有大約 1/3 的人口達到小康（中產）階段，已經把地球資源幾乎消耗殆盡。如果不改變生產和消費方式，將來另外那 2/3 人口的發展，地球將會不堪承受。為避免人類互相間爭資源爭生存，再發生從競爭到衝突乃至自相殘殺的惡性循環，最後傷害全人類的生存，必須在未來全人類的發展中同時保護地球。發達國家必須研發節約資源和回收廢物的生產技術，培養節約資源的消費習慣，並協助發展中國家良性發展，齊臻小康生活水平而避免破壞生態環境，導致微生物和病毒大規模向人類反攻，人類陷於不休不止的抗疫戰中。這次新冠病毒只是首戰，人類已經幾乎無法應付，應該徹底警惕和自省，自求多福。

中美兩國為發揮應有的國際責任，應該合作而不衝突；應該幫助其他國家，特別是發展較差的國家，有序而迅速地發展，改進生活而避免災禍。美國想要維護其全球的領導地位，中國想要被國際接受為世界的領袖之‥，這是他們的黃金機會。（2020 年 11 月）

三、加強聯合國國際多邊合作的機制

聯合國第 75 屆大會因為新冠疫情，不在紐約總部隆重舉行，大部份改在網上舉行遠程視頻會議。

75 年來，聯合國與時俱進，頗有增加新的機制，新的職能。但是世界有重大變化，今後需要的，不是大國勢力的重新洗牌，也不僅是增加幾個項目，而是向多邊國際民主的方向建立更公開、平等、公平的國際關係格局。全球化是不可逆轉的人類進步，各種問題，從各國各自解決，或由大國干預而解決，漸漸轉變為國際性的多邊解決。這個趨勢從一百多年前已經開始，基本是成功的，不應該走回頭路。

人類過去的幾乎所有競爭，原則上都是「你輸我（才）贏」，「不讓你有我才有」，「你死我（才）活」的「零和」思維。由於科技與人道精神的進步，那種思維應該成為過去，今後應該是多邊合作與共存。

人類必須共同面臨的巨大挑戰早已經紛紛浮現，新冠大疫只是最近的一戰。多年來已經在國際上嚴肅討論的還有：氣候變化、（空氣、土地、江湖海）環境污染、生物多樣化瀕危、地球生態瀕危與資源耗竭、全球發展不平衡、無處不有貧窮與飢餓、人口—老齡化—移民問題、數據資料滲透公、私生活的安全、社交媒體的全球性壟斷、科技進步失控、地緣戰略對抗，還有近年浮現的文明衝突，等等。這些問題每時每刻影響著全人類的和平與幸福，逐漸引起國家之間新的惡鬥，軍備競賽、和戰爭陰影。

人類迫切需要有效的國際機制去處理那些千頭萬緒的問題，以全球治理的方式解決。聯合國已經在多方面發揮了不可替代的重大作用，擺脫聯合國而另創新的機制，顯然不明智。

　　1. 聯合國的主要機構中，安全理事會負責傳統的與軍事相關的安全問題，可以說最重要。安理會全年經常開會，其決議有強制執行的權威，各國都承擔執行的義務。安理會對維持戰後的國際和平有重大貢獻，75 年來沒有發生大規模戰爭。為較小規模的戰亂，前後建立了 70 個維持和平部隊，阻止當地內戰、國際戰的延續，並防止其復發。挽救了無數生命財產損失，保持和恢復和平的社會經濟生活。仍在執行的維和任務有 13 個。但是維和部隊只能防阻軍事衝突，卻不能解決根本的衝突，那是政治問題。對地方性武裝衝突，也無能為力。

　　安全理事會的根本問題有二：1. 只管軍事相關的安全問題，而今天世界上對安全的理解，不只是軍事安全，如上述各類問題，都已經被視為國家安全的要素。2. 安理會的代表性有缺陷：五個常任理事國擁有否決權，其他國家就淪為二等三等。1945年戰爭剛剛結束，武力是決定一切的唯一手段。只要當時的戰勝國磨合同意，就能保證天下太平。但是五常是永久性的，比終身制總統的任期更長，逐漸有老化而無能的趨勢，並忽視國際責任，只為本國利益而爭鬥。世界上的新興強國極力要求躋身於常任理事國之列。而他們的競爭對手極力反對，以免被拋落為二等國家。例如印度想入常，巴基斯坦反對；巴西想入常，阿根廷反對，等等。安理會的非常任理事國是按地球的分區選出，輪流擔任，他們的全球代表性更大，但在五常的否決權下，

不能有所作為。改革安理會將牽動大國利益,難以成功。聯合國的改革,勢必繞過安理會才有可能。

　　2. 聯合國系統最大的成就,是經濟及社會理事會範圍的工作。聯合國的《憲章》前言期望:「促成全球人民經濟及社會之進展」。經社會的任務繁多,下轄有十六個專門機構,分別在各專門領域內進行其服務全世界的工作,並訂立國際規則,建立國際標準,規範國際關係和國際行為準則,監督國際合作的運作,向個別會員國提出具體建議。各機構都是聯合國會員國各派外交或專業代表參加決策和執行,不受政治影響,成效彰著。從各機構所包括的領域(勞工、糧食農業、教科文、衛生、銀行、貨幣基金、民航、海事、電信、郵政、氣象、知識產權、農業發展、工業發展、難民、環境)就知道,各國在那些組織裡都能精誠合作,全年孜孜工作,對提高全人類的生活素質,卓有貢獻。聯合國還有許多重要的基金會、委員會,如開發計劃署、原子能機構、世貿組織、兒童基金會、等等,各在其服務的領域中有重大貢獻。最近新冠疫情引起對衛生組織的注意:衛生組織對消滅天花、控制和治療多種其他傳染病、婦女生育保健、兒童健康等等方面的貢獻,救活不止幾千萬人,稱其偉大絕不為過。再舉國際民航組織為例:每年幾億人飛來飛去,方便,舒適,安全。航空失事很少發生。都應歸功於民航組織對各種航空安全、營運和服務規則的詳細規定,嚴格要求,和經常的監督。再如世界糧食計劃署 2020 年獲得諾貝爾和平獎,該署年年對世界各地天災人禍中的飢民發放糧食,救活的人數動以百萬計,功德無量。曾經獲得該諾貝爾獎的還有原

子能機構、難民署、勞工組織、兒童基金會，都是當之無愧。聯合國在非、歐、亞太、拉美、西亞分設（社會）經濟委員會，負責協調執行具體項目。聯合國系統的努力，使我們這個世界，比幾十年前文明、進步得多。但75年前沒有考慮到或沒有受重視而今天非常突出的問題，需要聯合國加大力度，群策群力去解決。聯合國曾通過宏偉的「可持續發展目標」，但是至今實施困難，因為對全球治理的政治支持不足。新冠疫情暴露了各國各自為政的弱點：沒有合作，還彼此指責。衛生組織的職能限於實務範圍，是不夠的。世界各國必須秉承全人類友好合作的精神，對各種問題獲得政治層級的共識。為此，需要提高聯合國大會的職能。

3. 大會是聯合國的最高機構，每年都有許多國家元首和政府首腦參加，就各國的大政方針發表演講，向全球宣示他們想要做出的貢獻。大會所屬各委員會和機構的大大小小會議同時舉行，討論所有方方面面的問題，最後綜合為大會決議，是全體會員國政治意志的最高體現。經大會特別討論而通過的條約、公約、宣言等，是世界上最高的法律、政治、道德權威，國際行為標準。大會體現聯合國最高的「國際民主」原則，國家不論大小，一律平等。

但大會也有缺點：1. 一年開會不到三個月。其他時間大會不發生作用。2. 大會沒有一個代表大會集體意志的總代表，在會員國間進行經常性的談判、協調，統籌各國、各機構的工作，加強聯合國的執行力；並代表聯合國在世界各地發揚聯合國的理念和影響力。強化大會，首先可從改革這兩點開始。

a. 一年開兩次大會：新冠疫情催生了網上視頻會議這種新的開會方式，企業界、政府和民間都大量使用。聯合國大會也採用。今後網上會議的技術和功能勢必突飛猛進，因此可以設想每年舉行兩次大會：秋冬季 9-12 月如常在紐約實體開會，春夏季 3-6 月舉行網上遠程會議，內容與實體大會基本相同。大會每年增加一倍開會時間，可以提升其權能，也提高其權威，處理日益繁多而複雜的世界問題。猶如各國的議會，要開會才發揮作用。

b. 增設大會的主席團，代表大會和代表聯合國，全年履行全球外交的職能。現在大會主席 1 人和副主席 21 人只在大會開會的時候主持各種會議，會後完全沒有作用。秘書處的秘書長基本有秘書的執行職能，沒有會員國所擁有的政治實體的能量，不能在會員國間發揮折衝樽俎的作用，也無權向大會提出建議以備大會討論和通過決議。

需要增設的主席團不是現在的大會主席副主席，而應該從全體會員國中另選重量級人士組成。可以考慮人口和國家兩個因素的平衡，將世界劃分為（例如）7 個區。盡量不使人口多的國家一方或人口少而國家多的一方獲得過大的代表權。各區選出輪流出任主席團的候選國，由大會正式選舉選出，當選國以國家副元首或政府副總理出任實際的當選人；並選出其中一人為主席，其他六人為副主席。7 人任期都是一年，不可連任。這樣民主、公平、大輪流選出的主席團成員，位高望重，有最大的合理性，代表性，多元性，因此有最高的 mandate（獲得授權）。

大會賦予主席團實質職責，全年經常與各國代表和各國政府交流、溝通、協調、調解、談判。敦促會員國積極執行大會通過的決議，並就共同利益主動推動國際商討，提出建議，供大會討論、通過。主席團代表全體會員國宏觀、公正的利益，進行協商、協調、為制訂新的國際準則與國際法規，提出建議。

大會授權主席團擁有一個國際實體的地位，代表 193 個會員國的共同意志和共同利益，參加或以代表參加聯合國的各種會議，有發言權、提案權和投票權。對外負有與會員國代表團、國家主席、政府首腦進行商討、斡旋、談判、折衝樽俎的任務。充分發揮促進聯合國會員國團結與互助合作的作用。主席團並代表聯合國，參加各種國際會議和國際、區域組織的會議，促進國際性組織間的互助合作。

結論：通過聯合國而解決未來世界上的紛紜問題，是國際關係走向多元化全球治理的方向。過去幾百年世界不停地爭戰，大國頡頏，到十九世紀大英帝國脫穎而出，成為全世界最大的霸權國，有「不列顛大和平 Pax Britanica」的稱譽。大和平仍是以武力維持的；與「羅馬大和平 Pax Romana」相同。蘇聯解體後，美國是唯一擁有維持世界大和平軟、硬實力的超強，可以稱為「美利堅大和平 Pax Americana」。但是，由於人類的進步，平等、公平的概念已經深入人心，眾星拱月的國際格局勢必漸漸走向大宇宙似的多元化的國際關係格局。聯合國基於國際法的「法治」，其共享和平與發展的理念為絕大多數會員國認同：大小國家平等共存，不應有「竟是誰家之天下」的問題。

美、中的態度和取捨，對國際合作前景必將有重大的影響。

兩國理應率先推動以聯合國為核心，以國際法的法治為基礎的多邊多元大和平。才是國際的長治久安。美國民主黨政府的理念包括重視國際合作，主張回到聯合國這個舞台，將會得到所有盟邦的支持，有助於提高美國的國際地位。期望美國能夠高瞻遠矚，以加強聯合國功能為其長期國策。中國宣稱主張多邊多元的國際秩序。可以說中美兩國的理念和目標有交集之處。中國缺乏議會運作、折衷合作的經驗，期望多多培養這方面的外交家和學者，並在教育中使國民普遍認識聯合國的運作，以便未來在聯合國內發揮積極作用，爭取國際友誼。大陸還可以借助台灣的經驗，學習議會運作。中美兩國應求同存異，達成共識：合作而不是競爭；世界需要兩國都做出貢獻，不期望兩國一成一敗；兩國應尊重世界各國各民族都有權平等並立於人類大家庭中。兩國應合作提升聯合國在所有國際重大問題上的全球治理職能。兩國理應放下身段，在國際民主的原則下，參加全體會員國的平等選舉，去選出大會的主席團，並鼎力協助主席團履行其崇高職責。

　　加拿大總理的演講說，聯合國是解決問題的唯一出路。相信他的話能代表絕大多數國家。（2021 年 1 月）

四、試展望 2023 年

2022 年世界多災多難，到處有天災人禍。人們痛定思痛之餘，關切 2023 是否有改弦更張的契機。

作者沒有內幕消息，沒有統計資料，沒有研究團隊，看報也少，不可能摸觸到時代的動脈。只能梳理可見的現象和有端倪的變化，略談四點。

1. 俄烏戰爭的變化，將是 2023 年的頭等大事。烏克蘭不可能放棄收復全部領土的目標。歐洲絕大部份國家也全力支持烏克蘭。如果讓俄國割取一部份領土和人口而換取和平，則俄國必然會侵略其他國家，以同樣的蠶食模式為和平條件。各國絕不能接受。烏克蘭平民遭受無情轟炸激起更堅定的抗俄精神，同樣加深東歐各國「烏克蘭之後就是我」的危機感。在美歐各方支持下，烏克蘭就不會全敗。但是由於美歐不願擴大戰爭，不允許也不支持烏克蘭攻擊俄國境內的軍事目標，烏克蘭也不能取勝，永遠是處於被動挨打的地位。俄國面對美歐，不可能贏得全勝，但因為本國安全，卻擁有不敗之勢。俄國人多地大物博，後勁強，可以隨時調動兵力，選擇攻打烏克蘭的要地，包括基輔，並以長程武器攻擊烏境內任何地方，居戰略主動的勝方。

俄烏戰因此形成消耗戰。未來的決定性因素，將視美歐-俄雙方國內和國際體制的韌性。俄國有專政體制的優勢，美歐有人力、資源、軍力、國際集團等優勢。雙方也各含有先天的內在弱點。目前受各方注視的是：俄方：普京的身心健康和他

統治集團的韌性。西方：美歐各國之間和內部會不會出現裂痕。

　　一個可能的轉折點是：西方是否允許並幫助烏克蘭採取「攻擊是最好的防禦」戰術，攻擊俄國境內的軍事目標。這一因素將影響戰場的勝負，但西方十分謹慎，怕擴大戰爭，尤其怕引起核戰。西方的謹慎還可能是出於考慮另外兩點：a. 不願與俄國人民為敵。俄國地大物博，地緣位置重要，有開發能源、糧食、資源、北冰洋運輸的巨大前景，都需要俄國人的合作，所以只能將「敵人」限於普京和他的統治團隊。b. 幾百年來，俄羅斯一直是向西歐學習，想要融入歐洲文明圈，但俄國想成為大歐洲的領袖，便受到西方的排拒。20 世紀蘇聯更想一舉搶佔全世界領導地位，乃與西方徹底決裂。但俄羅斯是歐洲基督教文明的一支；文明衝突的概念可能潛藏在西方某些決策者的思維中，認為俄國最終是一家人。中國（大陸）才是他們心目中主要的敵人。

　　戰場雖限於東歐的一角，卻影響全世界。俄烏戰是美歐 - 俄國對壘的前哨熱戰。中國（大陸）仍緊靠俄國，但是已經不全是附庸地位。印度拒不選邊站，凸顯第三勢力的成熟。印度一向是第三世界、不結盟國家、77 國集團領袖，在美蘇冷戰時期是左傾，現在則是右傾。原因很明顯：歷史上印度與英美國家的關係深厚，現在想要成為世界打工大國，自然拉近與西方的經貿關係。由於印度與中國因地緣政治因素是天然對立，並且印度佔領藏南是中印間的死結，印度與西方自然結合。巴西是大國，背靠基本已經進入中產收入的南美洲，也將緊跟而上。2023 年可能顯現美、俄、歐、中、印、巴六大國和其他區域集

團的世界多元格局。取代「美歐—俄中」的兩極格局。多足鼎立可能比較漸趨穩定。

戰爭是催動技術發展的最強動力。俄烏戰使用衛星通信、衛星情報、火箭飛彈、電子戰、無人機、船，極大地改變了作戰方式。烏克蘭成為雙方新武器、新戰術的實驗場。無人機小巧，製造容易，價格便宜，使用塑料部件，低空飛行，不易偵測。可以載炸彈或火箭，以遠程操作進行精準打擊，而且可以群攻。由於技術簡單，成本低。將來「小國」在國際軍備市場上的發言權將有所提高，大國無法壟斷。恐怖組織和恐怖份子的攻擊能力也將升高。同時，國民教育素質和官、兵素質，將是未來戰爭中更重要的制勝因素。

2. 新冠病毒大疫已經三年多，遍及全世界，全球病例不知道多少億，死亡至少幾百萬。疫情使工廠和職場關門，學校停課，人們宅居不出，市場停擺，失業上升，物價上漲；國內國際貿易斷停，全球經濟衰退。各國大力以財政支出紓困，債台高築，必將引發通貨膨脹危機。中國的封控又加深全球產業鏈斷供，產銷市場停擺，經貿下滑。新冠對全球人口的生活影響，大於烏克蘭戰爭，是國家安全以及全球安全層級的問題。2022年底，疫情漸漸過去，但是變異病株仍然不斷出現。當前全球每日新增病例仍 20 多萬，死亡人數 2000 多（中國大陸沒有統計數字）。同時，新冠病毒的來源不明，因此防範未來新病毒，和防疫治疫，是全球性的大問題。但至今並沒有觸發人類的合作。等事過境遷，是不是能夠冷靜下來，汲取教訓，理智地尋求理性的全球合作，有待觀察。

3. 氣候變化：新冠病疫是近兩三年撼動全球的問題。氣候變化問題則是人們早已認知，威脅全球經濟、生活、生命、動植物生態的巨大危機。早在 1992 年各國便在聯合國簽訂了《氣候變化框架公》，1995 年起各國領袖便定期出席參加聯合國氣候變化大會 COP，商討如何因應這個問題。然而由於種種原因，各國對應該承擔的責任和義務爭執不下，進展很小。2015年 197 個國家才通過《巴黎協定》，各國承諾大幅減少溫室氣體排放，本世紀內將全球氣溫升幅限制在 2℃ 以內。但是執行不力，俄烏戰更逼使出現逆流。2022 年全球各地氣候劇烈變動，多地發生破紀錄的水、旱、風、雪、高溫、低溫災害、河流乾涸，南北極融冰加速，海水平面上升，等等。加深大規模貧窮，飢餓，產供失調，物價波動，貧富不均兩極化。危機明顯惡化。人類是否會幡然悔悟，認真面對危機？

中（陸）、美是最大的排放國。曾在 2021 年同意建立工作組，商談合作事宜，但因佩洛西訪台而中斷。幸好兩國在 GOP27 中同意恢復，顯示兩國仍然重視。大會沒有突破性的成績，但是各國仍表示承諾減碳，提高使用清潔能源。富國並承諾出資，在世界銀行中設立氣候補償基金，協助貧窮國家處理沙漠化問題和防洪救災等。這是落實國際大家庭互助理念的一大進步，但是在國際貨幣基金組織中設立更大的緩解氣候變化信託基金 MitigationTrust 的建議，則沒有通過。

各國是否會因為危機迫切而趕急建立國家救災總署？是否更進一步合作設立國際性的救災總署？聯合國系統中已經有好幾個與救災援助有關的機構，可以增強其統籌協調的機制，各

國充分提供基金、人力、物力，運輸力，在全球各地進行高效率的防暑、防寒、防洪、防旱，救災等工作。這些合作將有助於促進世界大家庭的友愛精神，消彌許多國際間的戾氣。

人類對糧食和消費品的需要不斷增加，而供應則有危機；缺糧和飢荒的新聞經常出現。地球可以利用的地方愈來愈少。人類有必要尋找新的宜居地和生產帶。地球上可以改造的地方其實還不少，例如大多數沙漠靠近海岸線。如果加強國際合作，海水淡化的技術更進一步，成本下降，則非洲、澳洲、中東都能成為可開發的廣大地帶。

各國必須自求多福，尋找適應氣候變化的生活方式、生產方式、節約消費方式。加速減少對化石能源的依賴，發展綠色能源，包括日光、水、風、氫、核能、海浪能，並研究核聚變能。全球能源形勢將大變。大量的創新有可能爆發式地出現。例如：日光能場佔地太大，是無法承受的代價。怎樣利用太陽能場下的土地開創農、工、漁業基地，建立宜居城鎮，可能是創新產業方向之一。

4. 世界經濟格局：所有各種問題，最後歸結於切身的生活與經濟問題。這兩年經濟活動停頓，投資人卻步，消費者減少消費保留儲蓄以備不虞，都使經濟加速下滑。各國的萎縮互相惡性影響，走向衰退。衰退中的通貨膨脹和隨後通貨緊縮的威脅，籠罩全球。美國的通膨已經受到控制，或也能夠控制衰退，有助於其他國家的經濟穩定復甦。

各種國際競爭和衝突加深了新科技的科技戰。主要是半導體和人工智能 AI、量子計算，直接關係到日常經濟生活。有統

計稱：2022 年，歐美已經有一半工農企業開始採用 AI 技術，這趨勢引發大量投資，研發，企業轉型，和大規模應用，改變人類未來的生產和生活方式。全球農畜業都將大規模開始運用科技生產，節水，節土，節能，節肥、節飼料；高效除草、除菌、除蟲、除害。氣候變化將迫使農、畜、工業進行大規模地理轉移，改變全球經濟版圖。

新冠過後，遠程教學，遠程上班、網上購物等習慣都將繼續並有新的發展，改變人們生活與工作習慣。

各國都在極力加強本國的經濟安全。於是各自採取 industrial policy 扶植產業政策，就是計劃經濟。美國有 1 萬億美元的基建規劃，並計劃在本國建立半導體企業，外與歐洲、東亞聯合建立半導體企業鏈，同時輔助墨西哥建立為產業大國，建立美加墨北美經濟圈。區域的經濟群勢將興起，同時也是區域的經濟競爭，在全球化中有區域分割的危機。

世界經濟的擴大合作，以有易無，仍是必要的。發達國家仍需要海外打工國，以降低生產成本，降低物價，提高資本效率。出於政治考量，美國力圖建立中國以外的海外產業鏈和供應鏈。這是印度、墨西哥、東南亞、南美的機遇。他們都理解「打工」是快速推動經濟發展的捷徑，樂於應運而起。印度等大國即將「崛起」。世界產業佈局將產生多元多極化的格局。

中國大陸的經濟下滑有多重原因。新冠封控使國際經貿停頓，產業鏈斷供，外資產業外移；國內民營企業又受到打擊；加上與美歐等國家的關係惡化，因此過去三四十年以全面打工而成長的機遇轉去了他國。中國經濟即使緩慢恢復，但不再是

獨大的打工國。今後中國大陸將只能是許多打工國之一，需要尋求加強與鄰邦的經貿合作。東南亞國家人多地大物博，特別是擁有人口活力和海洋資源，已經有東盟機制逐漸形成合作產業群。中、東南亞兩個產業體是否能友善合作，形成中國＋東南亞的產業大群，關鍵因素是雙方是否有智慧和遠見的政治家。

印度擁有的打工國條件足可比擬中國，外在的地緣優勢和國際關係條件更明顯優勝。現在是世界發展最快的大經濟體。南美洲已經是中等收入的地區，互相間很開放而和平，少有其他大洲各國纏鬥不休的歷史包袱，是團結為一體化經濟體的良好土壤。巴西是領頭羊。非洲也會參加為低端勞動力的打工國。打工國眾多，互相競爭，將使美歐投資者佔有更大的買方優勢，打工國則面臨賣方的劣勢。然而勞工價格低，產品價格低，加上競爭，將促使外資投資興旺，從而促使打工國的經濟快速發展，生活水平提高，貧困人口大幅減少，需求強勁，導致經濟強勁成長。許多國家和區域將因此「崛起」，形成多足鼎立的格局，有利於避免兩極化的對立和衝突。

結論：俄烏戰、病毒、氣候變化、經濟衰退，以及其他巨大變化，使 2022 年世界遭受巨大災難。2023 年將是調整、重建、發展的關鍵年。

俄國侵入烏克蘭的經驗，已經使人們認識，戰爭不能解決問題。沒有任何國家是孤單無助的。國際利害關係錯綜複雜，必然有許多國家會直接間接涉入。結果攻、防雙方都陷入苦戰，誰也不能得勝。

各國都將部份採取計劃性經濟，扶植本國產業，以因應國

際競爭、天災人鬥的重大挑戰。美國有基建大投資，科技大投資，國際產業鏈的巨大規劃。印度走向中央集權，明顯要抓住時機，成為國際產業大國。其他國家都將逐漸興起，世界總體經濟形勢將是全面快速發展而多元化。中國大陸似乎在反思近年的失誤，再回頭重視發展民營企業，恢復國際經濟關係。兩個發展的努力，仍是走向大全球化，走向合作。偏狹的國家主義，保護主義，民粹主義將不足成事。

　　時代進步到今天，從教育到經濟都走向全球化。任何問題都牽一髮而動全身。從病毒到氣候變化，都是全球性的問題，必須全人類合作去處理。尤其期望出現高瞻遠矚的政治家，引領世界各國人民團結合作，利己利人。（2023 年 2 月）

五、試談國際救災合作

今年許多國家遭遇特別嚴重的的天災，如高溫、乾旱、林火、洪水、等等。不少地方發生幾百年一見的水、旱、林火等災害。北京附近發生洪水，甚至故宮的庭院也一片積水，特別受到華人矚目。

自然災害從來就是中外古今人類苦難的源泉之一。縱然今天科學和醫藥非常發達，卻未能減少那些天災，同時防災救災的效率也令人不滿。

近年的新冠大疫也是天災，全球生命和經濟損失異常嚴重。科學界預料，病毒大疫無法根絕，呼籲全球合作防治。

每個國家都有防災救災的機構；就全世界而言，防災救災的設備和技術已經很進步，但並不是每一個國家都擁有全面的充份準備。尤其不可能預料突發的特大災害而做好充份準備。各國各地的防災救災和災後救援的機制、組織、設備和儲備，人員培訓，演習，往往是各自分別努力，缺乏互相支援和大規模調度的機制。一方面是面臨較大災情的地方救災能力不足；另一方面是其他各地無法及時馳援，他們的防災救災能力閒置而沒有利用，形成浪費。在各國國內如此，在國家之間，這種情況更顯著。因此便凸顯了建立國際性防災救災機制的重要性。從科技研究，天災預報，培訓人員，儲備物資，到高速馳救，地區合作與國際合作能產生規模化的效益，提升救災質量，提高防災救災效率，同時節省大量人力物力和資源。

由於大中華域內（包括大陸、台灣）地域廣，地理地質條

件複雜，是天災多發的區域。天災是難以避免的，但救災的準備不足或執行中發生延誤或差錯，則加上一層人為的災害，原來應該可以保護的生命與財產變成損失。

東南亞是大中華重要的鄰近區域，水陸總面積大於中華，地球赤道橫亙通過，也是天災多發地帶。主要是颱風、洪水和伴生的災害，還常有火山爆發、森林大火等。

如何完善國際防災救災合作，將是未來國際合作的重要項目之一。中國要進行國際救災合作，合作對象首先應該是東南亞國家。中國和東南亞都不富庶，而救災設施和社會福利制度都不足，特別有必要合作建立國際性的救援機制，友誼互助。

1. 這個國際救援機構，應該由政府合作建立，但必須是獨立於各國政府之外，具有人道主義性質的獨立國際機構，不受各國政府和政治干擾。參照現有許多國際機構的制度，訂立規章，各國投入人力、資金、物力。按照「國際民主」原則，重大決策權屬於所有參加國家平等擁有，理事機構中的投票權是一國一票；所有重要職位由各國輪流擔任。體現國際平等合作的原則。各國政府派出的人員，在國際機構任職期間，是國際公務人員，不受本國政府的約束。

救災國際機構的性質特殊，允許民間投資和參與運作。應該明確規定民間機構和人員參與投資、決策諮詢、和執行任務的規則。

這個國際性的救災署在各國設立國際防災救災中心，並在各國適當地點設分站，因當地特有的情況，重點配置所需的人

力物力。救災署擬訂各國緊急協調和救援的方案，以期達到最大化的靈活調動性，經濟性和效率性，以及互助性。

2. 救災署應該擁有必要的設備設施，交通工具，儲備必要而充分的救災和善後救援物資，如醫護醫藥、防疫、帳篷、糧食、水、生活用品等等。設立研究部門，信息通報部門，高效運送和分配方案等。需要因地制宜，做好相應準備。

國際署應組建和培訓救災專業人員和後備人員，以及志願者。國際署不可能處處養著大批專業的常備人員待命，除了各地相互支援外，仍勢必需要培訓大量的後備人才，以及後備的志願者。救災署需要為後備人員和他們參加救災制訂明確的程序、工作章程、和酬償規定。以期有技能而熱心的人們踴躍參加國際救援工作。

各國都有調動軍隊救災的習慣。軍隊職司作戰，救傷救亡是軍事訓練的一部份，軍隊擁有重要的救災裝備和遠程近程的交通工具。為進行國際救災。需要訂立國際機構與當地政府和軍方的快速聯繫與合作的程序，以及訂立相關法律規定。由於軍隊的特殊性，基於國家安全的考慮，可以規定各國軍隊越境參加救援工作的條件。

在各國經常舉行的海上軍事聯合演習中，救援合作是重要項目。國際救災署需要與南海周邊各國做好制訂與各國海軍、海警合作進行海上與海島救援工作的相關規定，提供救災支援。

國際救災署必須與各國相關公私機關和團體保持聯繫和密切合作，例如各國的紅十字會、人道組織等，他們能提供捐款

和志願人員。

　　國際救災署也必須與世界上其他國家和國際救援組織以及民間組織合作，更有效地完成其任務。聯合國系統就有糧農組織、聯合國人道主義事務協調廳等。西方各國政府是國際人道救援的重要貢獻者。

　　3. 中國與東南亞各國建立國際救災合作，必須以大中華參加為原則，即大陸和台灣都參加。台灣的參加有許多重要理由。a. 台灣是天災多發地區，特別是颱風和水災多，因此擁有相當的防災救災經驗和能力。對東南亞國家和大陸都能做出貢獻。b. 台灣是颱風去大陸前經過的前站，兩岸合作，對大陸特別有益。c. 在大陸過去四十年的經濟恢復中，兩岸已經有深度的民間合作，但在政府層級和國際合作上，還有待推展，以期相互了解和尊重，降低武統危機。不僅緩解兩岸危機，還緩解整個亞洲東部的國際關係。d. 台灣與東南亞國家關係良好。台灣參與有助於減輕東南亞各國對大陸的心防，從而比較願意參加這個重要的國際合作，有益於提升大陸與東南亞的關係。e. 台灣在病毒防治上的經驗和能力，應該是國際救災署所應該擁有的。f. 未來世界，必然是漸漸向區域合作的方向前進。各大洲都有這趨勢。東南亞國家建立東盟，已經謹慎地循這個趨勢走了幾十年。大陸和台灣都沒有參加，原因之一是兩岸之間不合，阻擾台灣的參與，影響大中華與東南亞形成大區域共同體。對大中華的整體命運不利。可以利用救災合作而尋求緩解。g. 還應該考慮香港以個別單位參加。香港擁有高效率的救援能力，特別是擁有國際合作的豐富經驗，是國際合作機制特別需要的成員。

4. 大陸於 2018 年在國務院內組建應急管理部。其兩大主要任務之一就是防災救災（另一主要任務是監督管理安全生產和保護特殊產業），將原來分屬於不同部門的有關防災救災工作整合，統一協調，減少多部門形成的重複和浪費。其綜合職責涵蓋一般性防災、地質災害防治、水旱災害防治、草原防火、森林防火、震災應急救援等。

大陸及時有了全面負責救災工作的政府部門，可以負起推動建立與東南亞國家共建國際防災救災機制的任務。

台灣還有待建立類似的綜合部門。台灣各類災害由行政院下屬有關各部分別負責，行政院災害防救委員會是災情期間的最高協調單位。

大陸可以規定，在華南和西南的分部，特別負有支援東南亞的責任，加強對東南亞支援的救災設備、人員、和動員能力。與台灣的救援機構密切合作，對東南亞迅速提供實時的救災和救援。

大陸和台灣可以利用南海島嶼建立救災救援的中轉站，迅速對南海周邊國家提供支援。南海島礁不幸已經成為大陸與東南亞國家爭議的焦點。大陸聲稱建設島礁是為和平使用，但其他國家則認為是別有用心的軍事基地。大陸可以利用國際救災的機遇，設立南海中轉站，開放各國平等使用，以期有助於化解南海糾紛。

無論坐視不救，或無力支援，或支援失誤，都將喪失與鄰國建立友誼的絕佳機會。

國際合作是利他的，也是利己的。各國在合作中能夠建立國際友誼，特別是民間的友誼。在國際合作中彼此學習，也學習國際先進技術和經驗，加強本國的防災救災和災後救援能力。提高本國的救災技術和效率。

大陸人多地大，災害最多，對國際救災署的人力物力財力貢獻也必然最多。但應謹慎自制，不能自大而佔別國的便宜，而是應多多幫助其他國家。要有以大事小和救人為樂的心態，幫助他人才是贏得最重要的友誼。不可斤斤計較。良好的救災能力和良好的助人心態，在艱難環境中合作救災，這種友誼會長久不衰。如果在平常培訓、演習、交流中，態度惡劣，爭權奪利和宣傳自大，反而會失去朋友。

結論：國際救災總署不是、也不可能替代各國自己的救援機構，而是對鄰邦提供必要的人力、資源、後勤和技術支援，使各國各地的救災救援工作盡量完善。特別是在遭遇重大的或意外的天災時發揮功能。巨大天災幾乎年年都有，卻無法預料會發生在什麼地方。國際救災署正是要發揮人定勝天的功能。

天災是每個國家都有，天災處理不當往往會變成人禍，造成更大的災難。鄰邦之間共建國際救災總署，是對本國國民和對國際的雙重責任。隨著國際人道主義日益成為時代精神，國際救災救援具有非政治性，非軍事性，獨立性，包容性特點，勢必會成為未來經常性的國際互助工作。

大中華不可不在鄰國需要的時候對他們提供援助，不可沒有這種準備和能力，以證明大中華是友好，有能力，有人道主義精神的鄰邦。大陸和台灣理應首倡救災的國際合作，不宜因

內部政治爭議而對外不合作，卻應趁此機會改善兩岸關係。

科學家還不能確切證明氣候變化與某個重大災變的直接關係，但一般相信兩者必然有關。因此國際防災救災合作應該納入為當前全球氣候變化合作的一環。各國至今仍無法開誠合作約束氣候變化，天災會越來越多而厲害，更需要建立救災的國際合作機制，減少痛苦和損失。

東南亞國家建立東盟，逐漸形成一體化，這是世界逐漸形成區塊發展的大趨勢。大中華有必要與他們形成大區域的一體化。救災合作應是一個不可忽視的機遇。（2023 年 8 月）

六、未來的重要資源：技術勞工

世界上最重要的資源是人。新冠疫情引發的全球經濟大轉變，加速了第四代工業革命的步伐，各國出現對技術工 skilled workers 的強勁需求。高端科技人才引領新趨勢的發展，但有將無兵不能打仗。目前迫切需要的是擁有中高端技術的勞動大軍。

新美國經濟（New American Economy）6 月的一項報告說：2020 年，美國每有一個計算機或數學工作的求職者，就有不止 7 個相關的職缺在等他。美國的高技能工人不足，雇主正在尋求移民人才來填補空缺。美國商會 U. S. Chamber of Commerce 呼籲針對就業需要增加技工移民，以解決工人短缺問題。美國經濟往往是風向標，其他國家即將出現同樣情況。

1. 新冠疫情催生創新 creative 的經濟活動，未來在教育、企業管理、工農業生產、醫療、購物與服務等各方面都將加速採用互聯網、自動化、機器人、人工智能、數據化、遠程操作等新工具，對技術勞工的需求急劇上升。即使人力密集的服務業如餐飲、零售等，都漸漸使用機器人 robots。同時有關新設備的設計、製造、管理、維修、操作，都需要新的勞工。僅僅勞力「打工」意義的勞工，不足以勝任。

新冠疫情聯同氣候變化和能源革命所催動的各種經濟轉型，使全球的經濟升級和轉型不可遏止。新的產業迅速取代舊產業。新聞報導，美、英建築業約一半使用 robots，汽車業為 84%，製造業為 79%。

以農業為例：將來的農業是智慧型高科技化的農業，是節

土、節水、節能，能夠控制生長環境的全天候高產農業，大量運用生物科學、信息技術、人工智能、自動化、機器人、地空無人機的技術。農民應是農業技工，他們應擁有大學以上教育水平和農業知識程度才足以勝任。美國是大規模機耕制，農業人口只佔全人口 4%，現在全部是高中以上水平，1/4 是大學畢業。他們是農產經營者，平均收入高過全國平均數 1/4。將來他們要進一步升級到科技農業也許只是一步之遙。中國大陸是階級社會。「農民階級」佔人口 70-80%，留在農村的是老弱病殘文盲農民，能夠出外打工的稱農民工。農民和農民工的教育水平、社會地位、收入都是全國最低，制度使他們教育低而貧困，中國農產品不足自給。少數國營農場的技術比較先進，但距離科技農作仍有距離。中國要提升農民的地位、教育、和科技生產能力，成為科技農民，道路就很遙遠。需要全國做出最大的努力。提升教育和技術培訓是唯一道路。

2. 中國大陸由於底子薄弱，教育短板多，人力資源的素質差距大，比美國因應未來需要的困難多。中國網民很多，多半只是手機短信族，只約 40% 的家庭有互聯網 internet；日本歐美都是 80% 以上。

由於小學免費義務教育到 21 世紀才開始，因此農村有大量文盲和低教育的國民。他們只能從事低技術或無技術的打工。他們為中國創造了廉價勞工的人口紅利，但是在未來的知識型經濟中，將淪為失業大軍。同時新經濟所需要的技術型勞工則缺乏。有必要給他們設計提供「補充義務教育」。這是當務之急。其任務十分艱巨，因為人數多達幾億，「學生」或學員各

有工作和生活負擔，他們的學習環境與青少年的讀書環境完全不同。實現補充義教制度需要全社會的努力。首先必須從增加師範教育和提升各類教師素質做起，包括將各行各業中大批有專長技能的人培訓為兼職教師，以補充教師的不足；並需要對困難的家庭給予補助，使他們能夠接受正規教育、補充教育和技術培訓。為此目的，需要根本的制度性改革，包括改革目前的戶口制度。

十四五提出「中國式學徒制」，以減少高考壓力，也有培養技術勞工的意義。德國 19 世紀開始，10-11 歲就開始職業與學術 academic 分流，以後不斷發展，是德國勞動力實力強健的主要因素之一。21 世紀的中國因應未來科技時代的需要，技術工人的教育理應提升標準：18 歲以前是基礎教育，18 歲後才將學術方向和適用技術方向分流。現在的中職水平普遍很差，畢業生根本無法就業，理應取消，把它們大力提升並改為普通高中。現在的大專程度也差，畢業生也很難在所學領域找到工作。必須全面提高大專的程度，讓不想走學術方向的學生，選擇大專確實學好一項專業技術。不是考不上本科才淪為讀大專。為此，必須改變做官至上的風氣和制度，以配合教育的改革。否則教育改革還是有名無實。

3. 中國面臨對技術勞動力的需求，有其人口危機的背景：即人口減少，勞動力總量急劇下降。由於一胎化政策、城市居民的生育率下降、以及農民工因工作時間長，工資低，沒有身份，結婚難又養育難，以致生育率更大幅下降。農民工的傷病死亡率高和生育率低，一高一低特別導致了勞動力減少和勞動

人口平均年齡飆高。官方數據顯示，2020 年登記出生新生兒為 1003.5 萬，男 529 萬，佔 52.7%；女 474.5 萬，佔 47.3%。較 2019 年減少 170 多萬；出生率急降 15%。中國經濟人力的前景堪慮。

這嚴重問題表面上暫時不顯著，原因是：中國打工族是長期加班加點工作。從低端的農民工，到中級的打工族（主要是「外地城市」到大城市的白領階級打工族），都被趕入這個制度性陷阱，等於是打工族勞動力增加。因互聯網公司出現 995 和 996 這名詞，現在才引起重視。其實農民「打工」向來如此。按 996 工時，即每週 12x6=72 小時，一個人幾乎做兩個工，勞動人口幾乎翻倍，但每個工作者仍只能得到一份工資，等於是工資減半。一翻倍一減半，中國以此獲得國際競爭力。但是長時期加強勞動傷害身心健康，產生長期的民族整體身心健康問題。更由於戶口制度：人的「身份」被鎖定在父祖輩的出生地，子子孫孫永遠不變，因此農民和「外地人」在工作地點無權享有公民應有的如健保、子女教育、工作福利、退休等等基本福利。他們因此傷病死亡率很高，又難維持家庭，子女的教育和身心成長都受到摧殘。這是民族的長期危機。人口劇減只是其後果之一。大陸現在有意減少 996 工作制，以挽救民族健康，還在申請加入「全面與進步跨太平洋伙伴關係協定 CPTTP」，勢必須改革關於勞工基本權利的規定（國際上認為農民進入非農產業工作，就是工人；公民平等也是國際通例），因此降低工作時間是必須的。勞動時間減少等於是勞動力減少。勞工不足是迫在眉睫的問題。

當前已經出現「躺平」主義，那是對制度性永遠工資偏低和工時偏長的一種反抗文化 counterculture。雖然能夠消極反抗的大概是有家庭可以依靠的少數人，但是社會的深層問題顯然是嚴重的。因此，唯有提高勞動者的教育、科技能力、生產力，才能減少工時而不減少生產，並緩解相關的人口、健康、和社會問題。

4. 中國的人口減少中還有一個特殊的問題：男女比例失衡：官方數字的剩男有 3500 萬。他們無法結婚，因此不能生育。不僅影響人口減少，更滋生社會問題：結婚、生育的天性被壓抑，必然會滋生問題。即使官方強力指揮生育，也不可能變出 3500 萬女子。看來唯一辦法是從國外獲得良配。這必須有先決條件，即回到前述的要求：中國的勞工，必須有較好的教育，有技能，有良好的工作，有養家的能力，才能在國內從外來的女性移民中找到良配，或者出國獲得適當的工作而在國外成婚。剩男之所以成為剩男，因素很多，主要是出身、家庭和環境條件較差。那不是他們的過錯。國家和社會有義務特別給他們提供獎學金和各種條件，讓他們能夠接受適當的教育和技術訓練，從而有能力結婚。各行各業的男女都可能與異民族對象通婚，總的結果就是那 3500 萬男子有機會與異族結婚生育，等於給中國增加幾千萬寶貴的勞動人口。

5. 在提高教育的大政策中，應該將提高女童和婦女教育列為重點。由於歷史的原因，婦女文盲多，教育水平低，在職場中上升的機會少，男女待遇不平等。她們的才智多半是被埋沒的，是她們個人的不幸，也是國家民族的重大損失。聯合國早

就呼籲，給女童和婦女教育，是迅速提升全社會福祉的最佳政策。婦女特別重視家庭、子女、教育、健康、和平與幸福。婦女多半是自己省吃儉用，把收入用在家庭、子女、丈夫身上。母親受教育，子女受教育的機會必然大為上升，下一代將增加無數人才。貧窮的婦女特別想讀書，想工作。她們想要提高生活和為子女拼搏的願望特別強烈。從中外各國的經驗可知，婦女可以勝任任何行業的工作，尤其擅長教育文化、醫學護理、生物、化學、IT和高科技各學科，更在人文、社會學科各業表現優異，例如文學藝術、企業管理、金融理財等。她們將是各行各業、特別是科技行業的生力軍。二十世紀以後，世界各地的發展突飛猛進，原因之一便是有婦女參加就業，使勞動人口和智力總量翻倍，更提升了社會的文明。婦女地位越高，國家越是先進；反之則落後。這幾乎是定理。

6. 美、英和若干發達國家，需要技工的時候，就想吸引移民。美國一向吸收世界各國的高端精英，如留學生，也吸收美洲鄰國的低端打工者。以移民增加人力資源，在國外不是新鮮事，在台灣香港都實行；在中國大陸則有待推動。今後將著重吸收稀缺的技術工。中國應思考開放移民。中國國民也應該有更多外出創業和工作的機會，順便緩解「剩男」問題。開放入境移民，中華子女獲得新血液，民族將煥發新精神。歷史上中華民族原來就是東亞各民族的混血，正如美國人是歐洲各民族的混血。美國有各民族兒女通婚的優點。中華民族也應繼續多民族通婚的成長歷程。

發展中國家想要迎頭趕上先進國家，立刻面臨緊缺技術勞

動力的問題。將來擁有豐富技術勞工的先進國家，必將競向發展中國家技術移民，以爭取影響力。國際交往越來越多，國際間的互相學習和求職必然是潮流。各國不僅是貿易來往，也「輸入、輸出」人才和技術勞工。有人才和技工可以輸出的，就是資源豐富的國家。

結論：教育是今後最大產業，包括正規教育、補充義務教育和職業培訓。擁有最多和最優良教師，最多高級人才，最大技術勞動力大軍，就是未來最有能量的國家。

教育基建的投入 - 產出比的效益最大，其產品：人與物質產品不同，是有機的，其效益會隨時間而增長。優化教育，就是優化社會。教育是系統性的大工程，也是龐大的良性投資，是最重要的綠色「產業」。

今天中國面臨的不僅是與發達國家的競爭，還面臨與發展中國家的競爭。發展中國家都看到為發達國家打工是迅速提升經濟的捷徑。他們有工資低，生育率高，勞工平均年齡低的優勢，發達國家已經把工廠轉到那些國家去。捷足先登的有印度、越南、印尼、孟加拉國等。其中印度更是富有競爭潛力的大國。中國（大陸）將低端勞動力提升為高端勞動力，不是未雨綢繆，而已經是當前緊迫的國之大事。

紐約時報記者紀思道說：「世界上最大的未開發資源是……人的巨大潛力，……對人力資源的投資，收益最大。」這是老生常談，也是最高的智慧。（2021 年 11 月）

七、試談以色列—巴勒斯坦問題的解決辦法

歷史的冤仇無解。人類自古互相殺戮，主要是因為爭奪稀有資源的生死之爭，底線是「你死我才活」。失敗者被滅國滅族是中外都有的。今天科學發達，生產力上升，地球已經可以養活遠比古代多的人口。而且人道主義興起，不允許將敵人趕盡殺絕。滅絕種族是公認的最大人道罪行。即使戰爭的殺人技術突飛猛進，公然大規模殺戮是絕對不可的。今天的文明要求人們接受新的觀念：我活你也活；我有體面的活路，你也有體面的活路；Live and let live。

今天世界上的各種爭執，主要是「爭霸」。恐怕只有以色列—巴勒斯坦之間，是爭取一小塊生存空間，有你無我，有我無你的生死之爭。生存是自然的權利，因此是無法解決的。由於牽涉種族和宗教，以巴問題還是廣泛的猶太—阿拉伯、基督教—伊斯蘭、以及世界權力集團的鬥爭，任何短期、零敲碎打的解決方案都無效。

1. 中東巴勒斯坦地方，處於人類文明最早發源區域，自古就是許多大大小小帝國的必爭之地，許許多多民族進進出出，佔領建國，又被滅亡被驅逐，根本不可能說誰是唯一的真正主人。宗教又是所有帝國和種族爭執中的重要因素：猶太教、基督教、伊斯蘭教都把巴勒斯坦中心的耶路撒冷視為自己宗教的聖地，三教千百年來的生死爭戰一直延續到今天。二十世紀再增加東西方的全球性爭霸，包括爭奪石油資源，中東成為戰略必爭之地。以色列二戰後突然無中生有地在巴勒斯坦建國，就

成為一切問題的核心。

在巴勒斯坦地方，猶太人曾經在幾千年前一度建國，但被外國征服統治才是歷史主流，包括古埃及、新亞述帝國、新巴比倫帝國、波斯第一帝國、希臘馬其頓帝國、托勒密埃及、塞琉古帝國、羅馬共和國和羅馬帝國、東羅馬帝國、波斯第二帝國、阿拉伯帝國、法蒂瑪王朝、塞爾柱帝國、十字軍（耶路撒冷王國）、埃及馬穆魯克王朝、奧斯曼土耳其帝國。最後，一戰後的國際聯盟於 1922 年委託英國托管。兩千多年來，居民此來彼往，換了不知道多少次，混居混種也無從說清。最近居住最久的是巴勒斯坦阿拉伯人，其中也有少數阿拉伯猶太人。

猶太人在羅馬時代便被驅逐，流亡到中東和歐洲各地。歐洲各國信仰基督教後，視猶太教為異端，猶太人是賤等民族。歷史上沒有一個國家不曾排猶和壓迫、驅趕猶太人。直到今天各地的反猶風潮仍此起彼伏，繼續不絕。猶太人在非常艱難困苦的環境下掙扎求生，產生生物競爭，適者生存的結果，善於在困難中適應生存，變得聰明智慧，努力堅忍，堅持信仰，注重教育和學習。近代以來，在各國政治、社會、經濟、教育、科學、學術、乃至娛樂界，人才輩出。到一次大戰中，猶太人的貢獻終於使大英帝國的首相貝爾福於 1917 年發表貝爾福宣言 Balfour Declaration：允許協助他們在戰後回巴勒斯坦建立自己的家園。

猶太人返回巴勒斯坦，不但要建立家園，並且要建國，便排擠住在巴勒斯坦幾百年的當地人。巴勒斯坦人完全不是對手，流落他鄉成為難民。在約旦、黎巴嫩、敘利亞、加沙及包括東

耶路撒冷和西岸地區，約有 500 多萬，無家可歸，接受聯合國近東巴勒斯坦難民救濟和工程處（近東救濟工程處）提供教育、醫療、救濟及社會服務而艱難生活，已經 70 年。巴勒斯坦人與猶太人很可能同屬古老的閃族，應該算是兄弟民族。但分別經歷各種混血和外族統治，有不同的宗教信仰，成為不同的民族，為爭奪在同一塊土地上生存的權利而成為死敵。

聯合國早已參與處理這個死結。1947 年 11 月 29 日大會通過 181 號決議，提出聯合國巴勒斯坦托管地分割方案。建立兩個臨時國家，猶太國和阿拉伯國；還建議區域性經濟共同體的框架；又提出成立耶路撒冷獨立體，委由聯合國治理。

1948 年 5 月 14 日，以色列國根據分治方案宣佈成立；但伊斯蘭國家都不承認。西方則不接受讓巴勒斯坦建國。於是以、阿間發生多次戰爭。以色列在各次戰爭中都獲全勝，奪取了更多巴勒斯坦土地，但不可能全部消滅巴勒斯坦。阿拉伯國家想要推以色列下海的希望也破滅。其中主要戰爭有 5 次。

1948 年第一次；以色列守住了國家，並擴大佔領面積。

1956 年第二次，即蘇伊士運河之戰。

1967 年第三次，又稱 6 日戰爭，以色列大勝，控制整個約旦河西岸、加沙地帶、戈蘭高地及西奈半島。巴勒斯坦解放組織淪為流亡政府。

1973 年第四次，以色列先敗後大勝埃及。這次勝利影響深遠。導致 1979 年 3 月，貝京和沙達特在美國首都華盛頓達成《以色列—埃及和平條約》，埃及退出戰爭。

　　使埃及退出的一個可能決定性因素是：埃及阿斯旺高壩於 1970 年基本建成。埃及在 73 年的戰爭中得到的痛苦教訓是：無法防止以色列的空軍將來對水壩的毀滅性攻擊，那將是對埃及全國生命財產經濟社會不可承受的毀滅性打擊。埃及不得已，只能冒伊斯蘭世界的天下之大不韙，國內外的巨大阻力，在美國總統卡特的斡旋下，總統沙達特於 1977 年與以色列總理貝金簽訂《大衛營協定》，79 年簽訂《和平條約》。以、阿規模性的國際戰爭從此結束。沙達特為國家安全和中東和平付出代價：埃及喪失在阿拉伯國家中的領導地位，他自己也在 1981 年被同胞激烈份子刺殺身亡。以色列獲得南部安全，便將所佔領的西奈半島還給埃及。西奈半島有 6 萬平方公里，都是沙漠，不適合人居，但土地是最寶貴的資源。有科技能力早晚會有辦法開闢利用，而以色列是有科技能力的。雙方都為和平付出重大代價。可見和平才是最大的無價之寶。

　　1982 年第五次，以色列入侵黎巴嫩。

　　1988 年，流亡在阿爾及爾的巴勒斯坦全國委員會宣布接受聯合國 181 號決議，巴勒斯坦國成立。但以色列和西方主要國家不承認。從此國際上出現讓巴勒斯坦建國的兩國論。1993 年底，挪威促成以色列與巴解簽訂《奧斯陸協議》，以色列承認成立巴勒斯坦民族權力機構，是巴勒斯坦所控制領土上的實際政府；以色列允諾撤軍；巴解也承認以色列。雙方激烈份子都不承認。1987 年巴勒斯坦發生大起義 intifada。1995 年以色列總理拉賓被本國激烈份子刺殺。

　　1994 年，約旦成為繼埃及之後第二個承諾與以色列和平共

處的阿拉伯國家。2012 年 11 月 29 日，巴勒斯坦獲得聯合國正式承認觀察員國地位。

　　伊斯蘭各國民間感到極度悲憤，極端份子感到生不如死，紛紛採取「時日曷喪，吾與汝偕亡！」的悲壯自殺式攻擊。他們往往只有能力攻擊敵人的平民洩憤。以色列和西方指稱為恐怖份子。總之，以色列不能讓身邊有他人酣睡，巴勒斯坦人視以色列是奪取了他們土地，財富，生活，並且一步步要將他們逼到滅亡。雙方都視對方是不共戴天的仇敵。

　　今年 10 月 7 日，控制加沙地帶的武裝團體哈瑪斯對以色列發動襲擊，引起 30 年來最大的戰火。

　　阿拉伯國家近年已經發覺困在對以色列的爭戰中，失去伊斯蘭國家自我發展的機會，而且成為外來大國操縱的卒子，非常不智。退一步才是海闊天空，漸漸開始與以色列交往，以緩和敵意。以巴兩國論有了希望。美國拜登總統最近也鬆口表示要以兩國方案解決以巴糾紛。以色列似乎也已經表示不反對，關鍵是什麼條件。

　　2. 然而，讓巴勒斯坦建國，以、巴兩國勢必仍是長期的敵國，以阿間的仇恨也不可能消彌。每一方都以驅逐對方，永遠據土地為己有為最終目標。其他遠近國家，出於宗教、種族、戰略原因，也會加入爭執。沒完沒了。因此有必要在建立兩國制的方案中，加入一項重要的和平制度，這就是：以、巴兩國同時在國際擔保下建立為國際中立國，如兩個瑞士，永遠和平，不再互相攻擊，任何其他國家也不能幫助兩國之中的任何一國或任何團體攻擊另一國。兩國並同時對內採取瑞士模式建立為

聯邦國,各邦平等並存。以色列境內有巴勒斯坦人的邦,巴勒斯坦境內有猶太人的邦。兩國憲法都有相同的平權規定,因此國民無論在本國內或在另一國內,都享有平等的地位、權利和安全。

以色列和巴勒斯坦都成為中立國,便保證平等的和平關係,也平等對待本國和彼此的公民。以—巴雙方都受國際監督和保障其憲法的實施。當兩國的所有公民遵守相同的憲法保護,平等相待,敵意就會漸漸平息,產生互相尊重與共存的心態。

這項安排將一勞永逸地消除兩國內部和相互間,以及中東地區長期存在的各種問題。以色列的生存和安全將得到國際(包括伊斯蘭國家)公認的永久保障,這將比任何軍事力量可能贏得的更多。巴勒斯坦人民將贏得國際(包括西方國家)公認他們的國家,其主權和領土不容侵犯,國民在各方面享有與以色列人民平等的地位和權利。這也是比他們在可預見的未來以任何手段所可能贏得的更多。兩國未來不會有內、外、遠、近的威脅,便可安於共存,人民不分彼此。

3. 在這個方案中,聯合國的作用最關鍵。20 世紀人類最重要的文明進步,便是建立多邊國際機構聯合國。聯合國國際民主的制度能夠公正不倚,負責任地為全球服務,共同解決國際問題和危機,獲得 193 個會員國的支持。它比任何一個國家或組織更能贏得衝突各方的信任。聯合國主持建立和保證兩國的國際中立地位,將永久確保以、巴兩國的安全與和平共處。

事實上聯合國從一開始就不斷參與了以巴問題的解決。第一個維持和平行動就是 1948 年 5 月在中東部署停戰監督組織。

派出軍事觀察員特派團，監督以色列與其阿拉伯鄰邦之間停火、停戰，協助聯合國其他維和行動人員執行任務，包括監督 1949 年《全面停戰協定》以及觀察 1967 年 6 月阿拉伯 - 以色列戰爭之後蘇伊士運河區和戈蘭高地遵守停火情況。

維和行動的缺點是：只能有限度地防止軍事衝突，不能解決基本的政治問題。政治的根本的問題只能通過政治談判才能解決。過去，政治談判沒有一個成功的模式可循。如果由聯合國大會和安理會通過通過決議和訂立條約，將以、巴建立為兩個國際中立國，聯合國全體會員國擔保其中立地位，可能就是終極解決政治問題的一條思路。瑞士的中立獲得維也納條約的承認而得以鞏固，以、巴的中立將因聯合國的條約而鞏固。以巴成為中立國，將釋放出巨大的人力、物力，迅速成為世界上最富足安樂的國家，比美瑞士，勝於瑞士。

聯合國 181 決議曾建議把爭執最尖銳的耶路撒冷城，置於聯合國的特別國際管理下，屬於兩族人共有，也屬於全世界 40 億三大宗教信徒共有。以、巴成為永久中立國，耶路撒冷也將成為永久的國際都市。聖城將發展成為又一個國際機構群聚的日內瓦，比日內瓦更國際化。

大會和安理會都多次通過關於以巴、以阿和相關問題的決議。五常任國也多次合作。聯合國的難民事務委員會幾十年來幫助安頓巴勒斯坦難民，功勞可欽可佩。每當衝突中發生災難事故，聯合國的人道主義機構立刻迅速進行人道主義救濟工作，受到戰鬥雙方的承認和放行。故聯合國是雙方可能接受的唯一國際機構。安理會五常任理事國和其他會員國有可能一致贊成

中立國和平方案，因此成功的機會很大。

結論：冷戰時期美、蘇不得不極力避免全面核戰，冷戰後曾有好幾次兩大國發起對小國的小戰，結果卻都不免鎩羽而歸。俄國攻打烏克蘭也是陷入泥淖。中東的戰爭已經 70 年不能結束。這可以證明，武力和戰爭不能解決問題。歷史性的冤仇也只能各退一步，彼此容忍化解。一方全勝是不可能。

當前高調宣揚的美、中競爭，雙方磨拳擦掌，準備最後一戰決定勝負。全球為此感到恐慌。幸好兩國都有人冷靜，了解戰爭是不可想像的。只有兩敗俱傷的共輸而不可能有一家獨贏。最近已經在相互尋求緩和的機會，擴大求同，減少爭端。和平共享這個美好世界，是唯一選項。也許，促成以巴和平正是中美合作的機遇。（2023 年 10 月）

貳、中美關係

一、中美應停止貿易戰為世界未來的良性發展合作

中美貿易戰第一階段的談判結束了，雙方都有損失，全世界都受到衝擊。暫時休兵，是全世界之福。兩國應趁這個機會，反思如何避免兩國間未來更多的衝突，乃至避免未來世界上類似的衝突反覆不止。中國突然爆發新冠狀病毒，擴延到全國和幾乎全世界。這提示給人們：全世界的合作而非抗爭，乃是 21 世紀人類面臨的最大挑戰。美國是最大的發達國家，中國是最大的發展中國家，應該有義務攜手向合作的方向努力。

今天這個地球，這個世界，已經不能再分你我或敵我，而是必須合作，共存共享。古代的生存之道是「你死我活」；現在世界一體化，地球上生物都必須共生共存，何況人類？新的生存之道應該是「合作」，共同解決全人類的共同問題。

1. 貿易競爭：早在 16 世紀就產生了重商主義，以發展和保護本國工商業，對外出口以多多賺錢為主要追求。今天國際貿易雖然開放，但是強勢和弱勢問題仍是存在。凡是後進國家不得不採取若干保護本國新興脆弱產業的政策。美國在十九世紀

也不例外。而發達國家對那些「不開放」則大力批評。總的說，今天世界性的生產鏈、供應鏈已經造成各國之間你中有我、我中有你的貿易共生體。美國擁有高端技術和生產力，將低端生產和組裝交給別國去做，其外包和海外機構、企業，將世界上大部分地區直接間接納入了美國經濟勢力範圍，從中獲得巨大利益。例如名為中國製造的產品，很多是美國企業的產品，美國的品牌，美國人真賺錢。中國的 GDP 中，相當大一部份分屬於美國人所有，然後分屬於其他先進國家。中國將打工所賺的外匯，投入美國的債券，重回美國人的手中，由美國人用於以錢賺錢。在美國國內，並不是人人都公平平等地賺到錢，反而是貧富不均極端化：能夠利用外國勞工的跨國企業資本家最賺錢。於是所謂「左」的思潮和右的民粹主義同時風起雲湧。這類現象，在許多發達國家中不少見。同時，中國為美國等先進國家打工，也不是勞工獲得最大利益。政府掌握土地、資源、基建、行政權力，並控制勞工工資，才是最大的賺錢者，也就是掌握政權的黨族和與黨政合作辦企業的企業家最賺錢，導致貧富不均最厲害。

　　隨著世界各國的普遍發展，類似今天中美的衝突和國內的不平必將在各國間反覆不斷發生。發展是人人的追求，後來者必然都會逐漸趕上先進的水平，甚至有若干超越。沒有任何力量能夠阻止他們的發展和跟進。先進者感受到其優勢受到威脅。於是各種緊張和對抗暗潮洶湧，形成各種對立和衝突。繼中國之後，印度和其他金磚國家正在迅速崛起，各區域也在團結崛起。美國今天擔心中國挑戰，將來還會擔心其他國家的挑戰。中國今天遭受排擠，將來將和今天的美國一樣，擔心別的後起

之秀國家的挑戰。世界的動盪不安將無從停止。

　　遙望未來，中美為自利計，應該合作，並聯合世界上其他國家，共同分析這些問題的癥結所在，關於貿易得失的定義和計算方法，關於如何協助後進國家順利發展而不發生衝突，國際間應該集合專家學者，加以研討，訂出原則、規則、計算方法、和國際仲裁的機制，貿易戰是增加糾紛和不合作。應該擴大世界貿易組織的職權、機能、和執法力度，使世界合理地走向多元化和多元合作：規範在生產鏈與供應鏈上越來越密切的合作，並處理在生產和貿易中的種種問題，和各國勞工就業誰贏誰虧的問題。特別應商討建立新的國際仲裁制度：界定什麼是貿易損益？什麼是公平貿易？避免將來各國間可能不斷產生的貿易衝突。

　　2. 科技競爭：特朗普特別提出科技戰，以國家安全為藉口，振振有詞；許多早一步掌握先進科技的發達國家紛紛響應。平心而論，所有國家，不論已發達或發展中，都積極想發展和更進一步發展科技。美國政府也有種種推動、扶持高科研的措施。科技進步是人類必然的走向，創新發明隨處滋生，既不可能阻止，也不可能包辦獨享。任何先進技術，不久就被人學會。最保密的軍事科技都是如此。事實上，今天科技研發和科技企業都是全球佈局的，生產鏈供應鏈分佈各國，是你中有我我中有你的格局。只要是友好國家，科技交流，便不構成安全問題。因此，美國與中國關係友好，就不必擔心安全問題；中國不需要處處擺出戰鬥性的競爭姿態，宣揚超越，而是與美國和所有國家建立友好合作關係，減少科技戰的氣氛。美、中都應與後

進的國家共同研發和共同享有先進科技，避免未來的科技戰。

世界上不可以有兩個或幾個貿易陣營、科技陣營，然後軍事陣營，再度冷戰，演變為熱戰。那不是任何國家之福。美國教育比較開放，容納世界各地的學生來讀書和工作，是美國強大的基因。中國學生來美讀書，是發展兩國友誼最佳的渠道。即使有極少數學生或科學家為中國取得科技秘密，絕大多數沒有參加那種工作。即使那些所謂偷取技術的人，基本上內心仍是親美的，只不過希望中國迅速趕上現代科技。他們並不仇美，卻是中美友好的基石。美國不宜因噎廢食。中國則不宜高調宣傳與美國競爭，避免產生對抗心理。同時也應該對外開放本國科技，贏得各國的放心、友誼與合作。

實際上，美國和中國都不必有安全顧慮。美國國力強大，友邦遍布全球，其必勝之勢十分明顯，沒有人真的想撼動美國。中國地大人多，民性堅韌，也是不可征服的國家。沒有人敢想侵略中國；美國也不想。中美都是十分安全的國家，兩國合作更是絕對安全。美國並不擔心德、日科技大國的競爭，是最現實的例子。

印度和其他金磚國家、區域集團，都是大國或大區域經濟體，已經擁有相當好的教育和科技基礎。迅猛的科技發展和經濟發展只在早晚。因此，美、中應該與各國攜手，建立類似WTO 的機構，研訂國際科技正常發展與交流的規範與機制，制訂國際法對非法竊取的審查和懲罰制度。依法處理而非政治鬥爭。

3. 以上是消極地避免國際衝突，更積極地是：中、美有義

務協助世界上仍然沒有進入小康的大多數國家進行合理、有序的經濟發展。全人類合作的意義在此。

　　現在世界上 70 多億人口中，真正達到所謂小康的，不到三分之一。幾百年來至今，可以說主要就是這三分之一人口的發展，競爭，和衝突。在「沒有朋友，只有利益」思維的指導下，不斷互相爭奪，傷害，殺掠，戰爭。其間出現了不少輝煌王國、帝國、英雄、戰勝者，富庶階層，但同時產生無數災難，悲慘人生，幾十億人的傷亡、痛苦、流離失所，史不絕書。如果這個發展模式不變，未來那三分之二的國家和人民繼續發展，會產生怎樣的災難後果？如果先進國家不能容忍後來者的發展，認為是挑戰，勢將不斷重現所謂修西的底斯陷阱 Thucydides trap。人類的未來命運將非常恐怖了。

　　今天的全球化經濟，創造了很大的經濟進步。但是其中有一個基本缺陷，就是：「賺錢全球化，有錢我獨享」。「賺錢有理」是公認的真理。優勝者和有力者盡力賺錢，完全自由，合法合理。但是，無論個人、企業、國家，他們賺到的錢都是私有財產，完全屬於他們獨享，不與他人分享。因此產生巨富的個人、企業、國家，造成國內和國際上的貧富極端不均。幾乎所有快速賺錢的國家，國內的貧富不均都越來越厲害。1% 的上層往往能擁有全國 50% 的財富。而國際上的不均也在擴大。許多發達國家國內產生民粹主義和「左」的思潮，對外則有國家主義。國際上富國為了賺錢理直氣壯地干預貧國，貧國產生反抗心理，卻無力反抗，則滋生極端組織，被富國視為威脅，稱為恐怖主義。世界因此不安。今後國際上必須有一種大同的

福利思維，賺錢不獨享。彷照福利國家已經有的公平的福利制度，協助各國在國內和國際上建立具有大同精神的福利制度。各國不論貧富，基本福利一致。

舉移民為例：不少貧窮國家的人，想盡辦法，甚至不惜冒生命危險，向富國移民。富國通常有生育率降低的問題，勞動力不足，需要移民。但是移民的數量、質量卻難控制，引起種種衝突。發展不均而產生移民，是阻止不了的。最好也是最合理的辦法，是富國協助那些移民國發展其經濟，使他們的國民在本國可以獲得就業和維持生計的機會，不必拋家離子，或全家老小，冒險移民。發達國家協助發展中國家發展經濟，發展生產，提升消費能力，對自己只有好處，沒有壞處。為此，需要建立各種國際機制，以國際合作協助貧國提升教育，提升科技，發展經濟，消除貧困，擴大互利的貿易和科技交流，理順未來的移民問題。

中美必須合作，積極行動，聯合其他國家，通過國際組織，有規有序地幫助那三分之二國家和人民的合理發展。中美都必須重新思考唯我獨賺，獨富，獨大，獨強，獨尊的想法，轉而思考如何全人類共同發展，同享這個地球世界。將來大家都是友人友邦而不是敵國敵人。都是合作者，不是競爭者。只有這樣，世界才有和平與安全。

4. 各國爭相發展，必然產生新的問題，是全球的共同問題。至今世界上三分之一小康人口的生活與娛樂所需的生產和消費，已經造成全世界資源的匱竭，環境的嚴重污染、全球生態急劇惡化，生物物種大量滅絕，食物鏈發生危機；還產生嚴

重的氣候變化。如果今天的發展模式不變，生活習慣不變，那三分之二人口的迅猛發展，極有可能使這個地球消耗到人類難以繼續賴以生存下去。

　　人類大量發展，導致氣候變化惡化。其中如冰層融化，海平面上升，人口稠密的沿海地帶即將淹沒，迫使人口大規模遷徙流離，產業重組，將會產生多少痛苦的問題，難以預測。富國的富庶地帶也多分佈在沿海，同樣不免氣候變化導致其農工商業地理重新佈局的巨大損失。人類擠壓生物，生物大量滅絕，連微菌都在變異求生，反過來對人類的健康和生命形成巨大威脅；眼前就有新冠狀病毒人類還不知道怎樣應付。

　　更危險的是：人類的科技發展有可能失控，以至於無法挽救而自我毀滅。這些都不是一兩個國家能夠獨善其身，單獨解決的。也沒有國家願意率先承擔拯救地球的費用。必須全人類合作，共同保護地球環境，生態平衡；保護地球資源，保護各種動植物種類，不被滅絕；避免科技的發展失控；預防互聯網、人工智能、自動化、知識貴族、「技術專政」等等可能衍生出來的種種負面災難。

　　中、美都有義務，必須拋棄無意義的競爭、懷疑、爭鬥，並與所有其他國家合作，完善國際組織，國際機制，多元合作，拯救地球，拯救人類，也為自己的國家民族謀幸福。

　　結論：全人類的命運是共同的，不可分割。任何國家不可想唯我獨尊、獨富、獨大，或形成霸權集團。過去人類歷史的主軸基本就是悲慘的衝突史。今後人類是不是聰明些，互信與合作多於競爭與戰爭？但願美、中合作，改變過去的競爭心理、

你死我活心態、以爭勝為光榮的歷史悲劇,轉而協助全球共同發展,共享幸福。

美國是國際領袖,應當負主要的責任。中國責任較小。由於中、美在近兩百年來發展差異而積累的國力有巨大差距,中國與美國鏖戰勢必越久吃虧越大,有必要主動設法及早停止爭執,結束鏖戰。退一步海闊天空。致力於國內的建設。對外以國際合作的精神,虛心交友,包括美國,為世界做出些有益全人類的事情,才是正途。(2020 年 5 月)

二、中美應當為防治未來的病毒瘟疫合作

　　新冠病毒大疫橫掃全世界，對所有國家都是意外。沒有一個國家了解這種病毒而有防治準備。結果 200 多個國家中招，健康、生命、財產損失慘重，世界經濟前景蒙上巨大陰影。不幸，中美兩國正在進行貿易等鏖戰，乘機互相指責，歸罪；形成新冷戰。

　　新冠病毒的特徵，以及未來極可能繼起的各種病毒，警示整個人類面臨著重大挑戰。其根因並非某一個國家或某些人造成，是全人類造成的。中美不應該互相指責、對抗、纏鬥，而是應該與全世界各國攜手合作，共同應付未來的病毒大戰。

　　二十世紀末葉以來，人類遭遇各種病毒瘟疫，有越來越多、越來越嚴重的趨勢。各種病毒引起的疾病據說有幾百種，其中非典 SARS（2003）、中東呼吸症候群 MERS（2012）、新冠病毒 Covid-19，是冠狀病毒，傳染性最厲害。新聞廣泛報導的還有：愛滋病 AIDS、埃博拉病毒 Ebola、拉沙熱 Lassa fever、馬爾堡熱 Marburg fever、萊姆病 Lyme、西尼羅病毒 West Nile、茲卡病毒 Zika、禽流感 Bird flu、豬流感 Swine flu（又稱新型流感 HINI），等。這些病毒多半是從某些動物或昆蟲傳染給人的，如蝙蝠、黑猩猩、囓齒動物老鼠或壁蝨、蚊子等。往往查不出究竟出自什麼地方，而瘟疫最流行的地方多半不是源頭地點。

　　病毒的起因，最根本的是人類的迅速發展，擠壓了其他生物的生存空間，它們只好在越來越狹窄的環境中自行變異，以期適者生存。它們的變異，對人類卻可能產生病毒。它們與人

類接近，增加了將病毒傳給人類的機會。現代人類的食衣住行，生活娛樂，都是大量消耗和浪費地球資源，還使用種種化學劑從事生產和加工，嚴重傷害地球的生態環境。發達國家和發展迅速的發展中國家，應該為此負最大的責任。美國和中國尤其難辭其咎。兩國交相指責，毫無意義。兩國應該合作起來，拯救世界，也拯救自己。將來誰對拯救世界的貢獻多，自然會得到各國的認可。誰自私自利，對國際合作的貢獻少，天下自有公論。

從人類自相殘殺的歷史經驗可知，如果戰鬥的一方團結抗敵，一方有分裂內鬥不合作，則團結的一方必勝。有分裂內鬥的一方勢必失敗。今後人類與病毒的生死爭戰，病毒一方沒有分裂和內鬥，全力出擊，一發現人類防禦空隙就大舉突破，迅速擴大戰果。人類這一方如果不團結，不合作，甚至資訊保密，爭奪防疫物資、政治上或研究上不合作，互鬥，失敗將是不可避免。全世界人類面對病毒的命運是共同的。人類若有智慧，理應攜手共同抗疫。

1. 中美不應互相指責

第一步，中美都應坦誠接受對病毒源頭和傳染的全面調查。不為追責，純粹是為科學認知。至今對病毒的了解，可以說各國都在無知階段，不能確定證明誰應該為這為那負責。

中國大陸確實有一些生活和飲食習慣、衛生習慣，需要討論其是否必須改革。中國處理問題的制度不透明，一切憑政治決定，也是事實。無可隱瞞。應該與全世界合作，坦誠接受調查，改革，對國民健康有益，並藉此贏得世界的信任與友誼。

美國有很多消費不良習慣，如以化學添加劑精制的垃圾食品和飲料，風行全球，給不知道多少人帶來疾病和死亡。在新冠瘟疫中，有長期病患的人死亡率特別高。

　　外國控告中國，主要是曾經隱瞞疫情約一個月，以至各國疏於防範，病毒傳播失控。中國官方一度掩飾病情，申斥初期的醫生造謠，是明顯的政治和維穩動機。對下達錯誤命令的各級官員都應當追責，不必袒護。中國可以官員無知、疏忽，不懂科學，不懂醫學為自己辯護。官員們並不知道新冠病毒那麼厲害。知過而改，比掩飾不改更能獲得尊敬。

　　在武漢封城前，全世界都已經知道出現了病毒。武漢封城，全世界更震驚於病毒的厲害。但是歐美各國覺得那只是中國的事，於己無關。美國總統宣布，死人有限，問題不大，疫情即將過去。參眾兩院都沒有向行政當局和國民提出先期警告，沒有討論如何制訂防治的立法等措施。美國有最好的醫護能力和最大的醫護體系，有權威的疾病控制與預防中心 CDC，但是都沒有向政府和國民提出警告，做好防疫準備。美國有獨立的新聞界和媒體，天下事無所不管，擁有能力極強的記者，對中國的疫情卻只做隔岸觀火的報導。美國還有眾多的非政府組織，對於保健、救援、慈善等工作一向主動積極，經驗豐富。他們也沒有警覺而呼籲防疫。顯然，都是「無知」和「疏忽」，也夾雜有偏見和政治因素。美國耽誤的時間約兩個月。其他發達國家差不多一樣。當病毒傳到本國時，沒有應變的準備，手忙腳亂。

2. 中美應該合作，在全球抗疫

病毒無國界，沒有一個國家可以免於病毒攻擊。這次新冠病毒傳染的教訓就在眼前。中美必須合作，領先推動全球化的防疫、治疫。任何自私的想法，都將是誤人誤己。

尋找病毒的起源和傳播，事關全球人的健康和生命，中國必須同意且積極參加。如果發現問題在中國，應坦然承擔責任，改善改革，不會因此成為國際的敵對對象。如果調查的結果發現問題不在中國而在其他國家，中國也不必幸災樂禍，而是平心靜氣參與世界性的客觀調查、研究、預防與治療。中國全面積極參加國際科學研究工作，是開放、合作、負責任的國際成員，有利無弊，反而可提升國際地位。

美國近年對國際組織的態度失常，動輒退出或不提供經費，盟邦也都反感。未來的世界應該是人類合作，共同建立美好安全的世界，共享這個擁擠的地球。不應該回頭走 18 世紀至 20 世紀不斷地爭勝、鬥爭、爭霸的歷史。歐洲以外絕大部份地區曾經被征服而淪為殖民地。許多原住民被滅絕。但是自從 20 世紀中葉，出現了國際合作的組織和運作機制，人類平等的思潮也漸漸獲得普遍的認同。將來的抗疫應該在這個基礎上進行。

人類的生產、生活和消費方式，正在毀滅我們的母親地球，很有可能促使人類自己走向滅亡。今後，無論大國小國，東方西方，都必須坦然合作，以扭轉死亡的命運。在國際合作中，有能力者必須勇於付出，慷慨出錢出力，協助貧弱的國家，共同建立全球的檢測機制和檢測能力，建立防疫治疫設備設施；建立全世界的全民病毒免疫保健制度；病毒治療全部免費，由

各國合理分攤全球性的保險制度。病毒還在變異，這將是長期的、艱巨的戰鬥。任何地方防疫治疫有漏洞，猶如戰線的一角失陷，病毒必將乘勝反撲。

中、美科學家已經在進行若干科研合作，應克服政治人物偏狹的好戰慣性，擴大進行。兩國都有極端的、偏狹的人物，如果一方有人言行過當，對方不應立即對抗，以纏鬥為榮。美國的政黨和總統經過選舉換班換人之後，很容易改弦更張，恢復與傳統友邦互相信任的關係，恢復和平外交。中國如果跟一個黨或一個總統大打出手，將是自傷甚於傷人，將來難於恢復失去的朋友和信譽。

世界衛生組織 WHO 屬於全世界，不屬於美國或中國。世衛組織能夠集合世界各國的頂級專家學者參與研討調查和提出解決方案。曾經對消滅天花、麻疹等傳染病，對全球兒童和弱者打防疫針等方面，有重要貢獻。應該提升它的職能，擴大它的職權，增加經費，主持各項公平而徹底的國際調查和研究。中、美應捐棄偏見，鼎力支持並參與世衛組織公正的科學調查，防疫、治疫。誰都不會吃虧，而功在全球。

新冠疫情對全球經濟將有深遠影響。各國將有大量的公司工廠倒閉，若干企業甚至從此消失；工人大量失業；經濟萎縮；同時將有新的企業興起，需要新的工人。新舊力量衝擊，經濟秩序失調，然後一步步重新佈局。沒有國家能夠獨善其身，免受衝擊。中、美兩國經濟體大，問題也大，有不可推卸的責任，引領全球的協調，順利恢復經濟，並促成更高效、合理的經濟結構。中美都必須無私地付出，也會獲得最大的回報。

3. 中美應該合作倡導訂立國際病毒公約

在新冠疫情中，中美都有極端份子沒有證據地或暗示或明指對方在研究病毒為武器。這些指責顯然都不可信：至今對病毒根本無法控制，無法做到傷人而不害己，也不可能制成武器使用。但是這個問題顯然非常嚴重，必然會在人們的心中揮之不去。因此，理應仿照過去的禁止化武和生物武器公約的前例，各國簽訂關於病毒的國際公約。

1993年《關於禁止發展、生產、儲存和使用化學武器及銷毀此種武器的公約》和1975年《禁止發展、生產、貯存生物與有毒武器及銷毀此種武器的公約》，證明確實有效。沒有人敢於冒天下之大不韙而使用生化武器。被指責使用了生化武器的國家或政府，都急忙極力否認。生物武器公約中所稱的有毒物質，是指從動植物中提取有毒物質，經人工製造的毒劑。病毒不是生物，不屬於該公約管制範圍。因此，國際間有必要簽訂關於病毒的國際公約。

由於病毒的特性，它也會隨時隨地攻擊人類，並且不斷變異，防不勝防。因此，關於病毒的公約，不僅要禁止發展、生產、儲存和使用病毒武器，還必須更進一步，建立國際合作，研究病毒、研發與製造疫苗與藥品、以及建立貯備、急救的機制。必須建立全世界不分國界的防疫、治疫制度。這些既是高科技，也是與各地瘟疫、野生生物、生態變遷、居民生活與衛生習慣都關係密切的課題，而且人命關天，所以必須擴大包容，各方面、各地區、各國、全世界共同參與。

結論

世界上大多數國家的疫情還在上升，而專家們擔心第二波瘟疫的傳染力會更厲害。星球大戰僅是文學創作的科幻故事，而病毒敵人已經進入我們的身體，使千萬人生病和死亡。這是真實的科技大戰。人類如果再不合作，不分你我、放下分歧，全力防治病毒，就太愚蠢了。

環保人士有一句口號，「地球只有一個 Only one earth」。可以進一步說：「人類只有一家」。人類今後不能分為兩家、幾家，或幾個陣營，而應該親切合作，友愛相助，建立完善的研究與防疫、治疫組織，醫學合作，做好全球性醫護準備。一旦發生新疫情，全球共同全力搶救，不讓星星之火燎原。

祈願中、美和各國的政治家，學者，思想家，高瞻遠矚，認識彼此的命運以及全世界人類的命運是不可分的，以己立立人，利人利己的精神，選擇合作。（2020 年 7 月）

三、應合作建立全球抗疫機制

新冠病毒橫掃全世界。敵人雖不見面,但是造成各國的社會、經濟、和政治的巨大動盪,以及疫情後紛亂的調整,不下於一場人類自相殘殺的戰爭。據專家們說,新冠病毒不可能完全消滅,而且還會不停地變異,人類勢必與病毒長期對抗。各國不可能獨善其身而圖自保;各自為戰將是必敗之局。必須團結為全球的抗疫抗戰。

過去半年多,不少國家或省、州獲得相當的抗疫成功,但是有的又爆發外來或本地的病例。這證明:只有全球全面徹底防疫,才有真正的安全。任何地方沒有做到完全勝利,長期維持 0 例,所有地方便都不能放心地摘下口罩,放鬆保持社交距離,也不能正常開放學校,辦公樓,公共場所。防毒抗戰沒有前線後方,沒有國界,沒有人為劃分的分類和界限。人類的防疫必須是全球總體戰。

1. 中美之間本有走向冷戰的危機,不幸,新冠增加了一個大戰場,但也可能是提供了一個契機,開始攜手促成國際大合作。全球抗戰需要全世界都進行充分的病毒檢測,全面的免疫注射,不能有缺口。還需要在全球進行接觸追蹤 contact tracing,以便一旦發現疫情,能夠迅速找到病毒傳播的社區和範圍,精準防疫和治疫,不讓傳播,但不必大範圍封城封市而過度傷害經濟和生活。追蹤主要利用手機等電子工具,追查每一個患者的行蹤和與他接觸者的足跡。全球抗疫需要將各國的追蹤系統聯繫起來,相互支援。然而,追蹤將使得個人數據完全

被信息技術 IT 公司掌握；各國政府能夠通過公司，掌握本國和外國國民的個人資料。因此，有必要建立管理和監督的國際機制，法規完整而明確，所有數據只能用於防疫，而不允許公司和政府為本身的利益而利用：保護個人隱私，也保護國家安全。因此中美必須放棄冷戰，參加全球的技術合作和政治合作。

2. 在技術方面，應加強世界衛生組織的職能、人力、物力、經費，支持全球防疫。世衛組織在消滅天花、小兒麻痺症、麻疹、以及正在努力消滅瘧疾、霍亂、肺結核等傳染病方面，都是國際的集體努力，貢獻巨大。若干富國不但負擔高額的規定攤款，還慷慨提供自願捐款。更有眾多民間組織以大無畏的精神，自願前往多災多難的國家，配合世衛組織，親身參與消滅傳染病的工作。新冠病毒不僅在貧窮國家中傳染，反而是在歐美國家和發展較快的國家（如金磚國家）中，傳染得更厲害。科學家已經警告：第一，新冠病毒隨時可能反攻；第二，SARS（冠狀病毒）的防疫疫苗和治疫藥品對新冠病毒無效；對 Covid-19 的疫苗和藥品，今後也不一定對未來的 covid-XX 病毒有效。而與人類接近的各種動物中還有近百萬的不明病毒，什麼時候會傳染給人，是天大的未知數。因此，全世界必須無縫合作，長期抗戰，不能有任何疏忽。

防治新冠病毒的規模，比防治任何其他疫病為大。必須建立世界性的防治制度：人人都免費獲得疫苗和中招後的治療。世界各國的醫護界應該建立全球機制，從研究、實驗、醫護人員、網上與遠程醫護、藥品與設備的製造、儲備，調動等等，全部納入一個運作機制，猶如全球「聯軍」。聯軍在世衛組織

下，有「指揮部」和「參謀部」，各國共同參加，輪流分擔各項重要職務。各國和各區域環境條件不同，社會、經濟、衛生條件不同，防疫特色不同，應分設相應的國家機制，有如「軍區」；各區域或關係密切的國家，可以設立區域性的機制，有如「戰區」，如歐盟戰區。一旦有疫情突發，全世界和各地都有準備，集中必要的力量，就地撲滅病毒敵人；不讓敵人擴大戰果。今天各國都是自行防疫，既昂貴又低效。

人類的科技如此進步，無論在預防、治療、發明新藥各方面，擁有戰勝病毒的優勢。關鍵在於是否明智地合作。這是政治問題。

3. 政治合作，有聯合國這個渠道。聯合國在二次世界大戰後對世界的和平與發展有巨大的貢獻。聯合國沒有本身的利益，沒有私心，能夠發揮個別國家無法發揮的作用。所有會員國按照一定的規則辦事，公開透明，通常比個別會員國政府的效率高。在維持和平、經濟發展、提升人道主義、防疫治疫，已經有很大的貢獻，積累了豐富的經驗。獲得普遍的信任和支持。70 多年來，會員國並沒有失去各自的主權，卻以較小的成本，獲得最大的安全。為了新冠防疫成功，各國應該大力支持聯合國發揮其全球協調的關鍵作用。

美國在聯合國中最有領導作用，即使在蘇聯全力挑戰的時期，始終堅持出錢出力，支持聯合國各機構進行經濟、社會發展和人道主義工作，結果，從第三世界到鐵幕後面，美國贏得良好的形象和向心力。這不是武力打出來的。蘇聯專心在軍事上與美國競爭，卻不能贏得國內外的民心，結果失敗。但是美

國近年來卻追求獨大、獨尊，獨自決定的「獨」路線，不重視聯合國的多邊外交功能，甚至退出好幾個聯合國系統的機構，實在是非常不智。中國不習慣議會運作，在聯合國系統內憑藉二戰後五強之一的地位而獲得一些職位和權力，卻運用不當，反而遭致負面後果。今後宜用心培養國際人才，學習利人才利己、助人才助己的議會運作方式，在聯合國系統內做出貢獻。新冠抗戰，是聯合國會員國開展全球大合作的契機。

在抗疫戰中，富國應勇於負擔。中國雖然不是富國，但是黨政體制能夠集中掌握國家的資源而做出較大的貢獻，世界也期待中國多出錢，多出力。

一般預料，中國和印度人口多而擁擠，衛生條件較差，醫護能力不足，在高速發展中，與動物爭地爭環境的摩擦最多，可能是未來兩個最大的發病國。因此，中國最有必要率先積極促進全球合作，但不宜自吹自擂爭為大國，以致與所有大、中、小國家都發生摩擦和衝突。在國際組織和抗疫中，宜多謙虛做事，多付出，少爭利。有容乃大，兼聽為智。是不是抗疫有功，國際自有公論。

4. 在各國國內，防治新冠，猶如一場戰爭，需要動員全國資源、經濟、社會力量，統一調配。全民不計個人得失，不計代價，不計犧牲，以爭取勝利。這次疫情中至少有 84 國通過緊急時期法，授權政府干預社會經濟的運作和國民的生活。最能集中全國力量，獲得全國服從的政府，最有勝算。因此，政府行政權力將因新冠而擴大，必然削弱其他方面的權力和權利。在新冠疫情長期威脅下，國家長期處於某種戰時狀態，政府權

力可能不斷膨脹。高度集權的政府是否舉措得當，其得失的影響巨大。因此有必要加以預防，增加對政府權力的制衡力度，有助於新冠抗戰。

美國有三權分立的制度，還有聯邦制度，各州保留相當大的自治權，與聯邦權形成又一種制衡。因此在新冠疫情中，出現許許多多的各自為政現象。特朗普聲稱自己是戰時總統，但是並沒有發揮戰時總統的統籌作用。結果美國的疫情最複雜，病例最多，死亡人數最多，疫情起伏也最多。按照憲法，簽訂國際條約，參加國際組織，需要國會通過，但是特朗普在疫情緊張中個人宣布退出世衛組織，參眾兩院卻毫無聲音。可見其制衡機制仍有不足。

中國的各種權力都集中在黨，沒有制衡。在防治新冠中，令行禁止，全國一刀切地執行，表面上非常有效，實際上情況卻不明。但是國民卻付出不必要的巨大代價。在中國兩千年的帝國制度中，皇權無限，但仍有兩種制衡：一是傳統儒家文化：政府運作基本遵守儒家的治國理念；二是各朝都設有御史官，可以直接向皇帝諍言抗爭，皇帝不得治罪。御史官在各朝都發揮著一定的作用。這是中國政治文化中的優點。孫中山先生為民國設想五權憲法制度，就有「監察院」為五院之一。制衡的意義並不是反對行政大權，而是避免行政權力逾限過當，期望維持行政管理的穩定。古代皇帝設立御史制度的目的也是為維護皇權。因此，大陸不妨設立一個獨立的監察院，對上自國家主席下至各級政府工作的失職與違法行為，以及不行為，進行監察。這將有助於合理而有效的防疫治疫。

在西方國家，監察權通常是由立法機構行使。但是，立法機關時常陷於黨爭而失職。這次爆發新冠疫情，各國議會都沒有提醒行政機關病毒之來臨，也沒有為預防或治療立法。這些責任無人追究。因此，一種能獨立行使監察權的制度，也應是有益的。

5. 在各國新冠疫情中，人們注意到：從德國總理到美國亞特蘭大市長，婦女領袖處理防疫治疫的成績很突出。婦女特別重視家庭、子女、教育、健康與疾病照顧等等。在所有文化中都相同。「假如」2016 年是希拉里當選，試想美國新冠病情的防、治可能會有怎樣的不同？民主黨下一屆總統候選人大勢已定，副總統的人選決定將是一位女性。如果民主黨勝選，由於拜登年齡較高，這位女副總統的權力一定比過去任何副總統的權力都大，所以國內外對她的「期待」特別高。不僅影響美國的政治，也必然影響各國的政治。在中國，工作婦女佔勞動力的比例很高，但是婦女整體地是居於低位；在政界沒有一個高級職位。人大代表的婦女代表名下註著「女」字，和少數民族代表名下註明「某族」一樣，都是表示其較低的不平等地位。多選出婦女政治人物，可能是防疫治疫的良方之一。

人類是萬物之靈，相信今後必能明智地合作，研發疫苗藥品，創制必要的全球合作制度，以及在各國內進行必要的改革。衷心期望出現胸懷坦蕩的世界級政治家，促成人類的合作與勝利，共享健康幸福的生活。（2020 年 7 月。按：當時大陸還沒有 2022 年的絕對封控。）

四、試談拜登政府時期的中美關係

中國（大陸）面臨美國新政府的宏觀挑戰，包括國內的基礎建設和國際上的縱橫捭闔兩大方面。外交是內政的延續，並以內政的實力為基礎，所以內政是決勝的真正關鍵。但外交是中、美關係的交界面，本文也試談兩國外交可能的發展，願望中美間和平，合作，為兩國國民創造幸福。

拜登政府的對中政策有兩大特點：一是定義中國為戰略競爭者，不是敵人，也不是朋友。二是以國內、國外各方面的集體力量，與中國進行全面結構性的長期競爭。在國內，參議院即將通過《戰略競爭法案》，內容涵蓋軍事、科技、經濟貿易、人權各方面。兩黨參議員再提出《無遠弗屆法案 Endless Frontiers Act》，進行無限制的科技競爭。在國外，積極鞏固在各大洲的盟友關係，並將各盟友圈聯合成為全球性的盟友集團。

中國國力居於弱勢，也沒有公開把美國定義為敵人，但擺出不怕美國的強硬姿態，申明保護自己的核心利益，同時強調要與美國平起平坐。強調不願「脫鉤」，合則兩利，鬥則兩傷。中美高層已經有了幾次針鋒相對的互動。兩國都是強硬表態，但都表示期望合作，不想衝突。

美國在全球的盟邦圈基本都有相當的歷史基礎。中國除了緊抱俄羅斯，還在尋求盟邦的初始過程。中國的治理模式還在「特色」階段，沒有普遍性，需要摸索一種能夠獲得普遍認同的體制。因此中國需要時間，也需要學習與人共處的外交技巧。

在 21 世紀，不論大國小國都是不可征服的。即使強者可以

打擊弱者，但不可能像古代那樣，完全加以消滅，雖有核武器也不能使用。結果是勝利後無法統治。殖民帝國時代早已結束，沒有任何國家、民族還可以被侵略或被統治，更不可能被消滅。

美蘇兩個超強只能冷戰，都知道誰也不可能征服和統治誰。美國成為唯一超強後，輕易出兵伊拉克、阿富汗，但無法收拾佔領後的局勢。在這國際背景中，中國基本上是安全的：沒有人會想要打中國。中國近代飽受外來侵略，但現在卻不必擔心國家安全，因此不必強調愛國主義，擴軍備戰，反而招致國際上的側目而視，尤其是鄰國畏懼，紛紛多求外援。大陸自己製造外交困境。

中國向來是宣稱不稱霸。習近平在最近博鰲論壇上也申述不稱霸。其他領導人都宣示不與美國爭勝，主張「和平共處、互利共贏」，「合則兩利、鬥則俱傷」。大原則是明確的，但在實際措施上，頗有可商榷的地方。追溯根源，是繼承了蘇聯的意識形態：把國內外所有的人視為革命對象，對內要消滅和防止反革命，對外要世界革命。蘇聯解體後，中國雖沒有世界革命的雄心，但仍堅守蘇俄的黨專政制度，與所有其他外國基本對立。外交上親俄，使鄰國懷疑生畏，敬而遠之。隨著國力上升，口口聲聲要超過美國，並且到處表現大國威風，使遠近國家都不安。是中國的失策。

與「革命」的強勢同時，大陸卻內心感到不安全，恐懼外力來打壓，於是強調戰鬥精神，愛黨愛國，和建軍強軍。小國為自衛而強調民族主義是可敬的。但大國強調國家主義卻形成對外的威脅。不但引起主流大國對挑戰者的打壓，防堵，並且

鄰國震驚，紛紛採取「國防靠美國」的國策。

中國外交有必要改弦更張，堅持和平外交，為他人著想，處處不為己勝，和平共處；盡力低調，全力交朋友，才是上策。弱國呼籲和平沒有人理會，但中國大陸如呼籲和平則是表現自信，是大氣。

美國大和平 Pax Americana 是大英帝國的現代版，其軟硬實力龐大。中國不宜直接對抗，而應通過國際組織尋求多元多邊的全球共治。多邊大和平 Pax Multilateralism 是全球共處的大方向：國家不論大小強弱，一律平等共存。世界不分化，通過聯合國共同訂立國際法，依法共治。中國如倡導這一國際趨勢，日久必得人心。對美國，應採取以柔克剛的原則。那是老子的智慧。

按照以上原則，試看中國由近及遠的外交：

1. 東南亞：中國首先應盡力追求區域的友好團結，第一目標就是東南亞。中國理應放下身段，不計較小處小節，爭取友誼第一。老子說：將欲取之，必先予之。老子是和平的，沒有巧取豪奪的意思。他的話可以解讀為：想要贏得友誼，必須先付出友誼；自己做足是可敬可交的朋友；希望和平，自己先伸出和平之手，做出實際和平的行動。

東南亞國家都有自尊心，有保護自己利益的決心。東盟擁有七億人口，水陸面積與中國相似，擁有東、西跨太平洋和印度洋，南進南半球各大洋和南極洲的地緣優勢，其中不乏明日之星的大國，是不可欺侮的。中國只有友善相待，才不會迫使

各國防中、抗中。中國不宜逼使各國選邊站。美國的制度包容，容忍，容易相處；與美國的任何政黨來往，比與中國的一黨交往容易；美國在全世界朋友眾多，擁有全球性的商貿機會；美國高舉的普世價值，多半國家容易接受，或已經接受，而中國揮舞的蘇聯式大旗，令人望而生畏。要想各國尊重中國，便應該同樣地尊重各國，以禮相待。為維護長期友誼計，可以斟酌讓利，讓權，不要讓東南亞國家感到吃虧。中國與各國相處，應該有「以大事小」的精神。在國際合作中，即使捐資捐物和出力最多，也不應要求較多的權利。如此，則地理接近的因素將使各國自然而然與中國逐漸加深關係。時間在中國一方。特別應注意兩點：

a. 最重要的是教育相交。中國應當鼓勵國民學習東南亞各國的語言和社會經濟文化制度，鼓勵學生到東南亞各國留學。同時開放讓東南亞國家的國民到中國讀書，研究，工作。鼓勵他們參加中國的科研領域工作，如太空、海洋、高精尖科技，形成共同的人才庫。提升科研、學術一體化，人才交融，是增進相互的認識和友誼第一要素。

中國必須以經濟、文化、人文的密切交流，以親和力爭取朋友，「戰狼外交」則驅友為敵。有新加坡的智庫調查，近年來東南亞對美國的信任程度不斷上升，對中國則不信任程度在上升。中國大陸對東南亞的策略和外交運作，顯然有根本的誤失。切須自省。

b. 南海：是與東南亞關係中的突出問題。處理得當，中國與東盟便是鐵杆盟友，南海安全，並安全進出大洋；處理不當，

中國將陷於孤立和被封鎖在半閉海內。

中國必須學習為他人設身著想：南海國家不是島國便是濱海，自古就是海上貿易和捕撈的國家，南海可以說是他們的生命線。中國理應尊重他們的歷史、地理、航行、捕魚等傳統權利，以換取他們尊重中國的同樣權利。近代以來各國被西方國家來自海上的入侵，除泰國外，都有被外國佔領成為殖民地的歷史記憶。中國的主張如果有排他性和威脅性，勢必引起各國的殊死抵抗。更請域外大國來保護。不幸現在的形勢正是如此。

為獲得各國的信任，中國首先可以開放南海諸島礁，誠意邀請南海各國的文武官員、海軍、以及漁民訪問，以示所有設施是為和平而設，並願意與各國和平共用。開放參觀不會損失多少機密，但可以贏得無價的友誼，為長遠的合作開啓大門。

然後，中國可以明確倡議：南海的島礁採取「雙重國籍」制：互相間「你的就是我的，我的也是你的。」南海所有島礁的主權和主權權利（專屬經濟區），由各國所共有、共管、共享。中國不應一味強調獨有獨享，而是應該與各國共有共享；中國不會因此有所損失。理應與各國共同設立國際管理機制，管理共同開發和保護南海資源的事務。各級職務由各國平等參與，權利平等。島礁的行政管理仍由各實際佔領的國家負責，現在掌控的國家不覺得失去主權，但開放其他各國參加實際管理，確保共享權利。南海的爭議從此消失，一勞永逸。南海各國不再以中國為敵，中國就獲得最大的勝利、安全、和利益。

中國在 3 月通過《海警法》，宣稱有權開火。當然被視為是霸凌。逼各國迎接域外勢力來保護。中國如果考慮到開火的

後果，勢必也不敢開火。中國與南海／東盟各國理應訂立聯合海警法，建立聯合海警隊，高級和重要文武職務由各國輪流擔任。每一國都能夠因合作而獲得最大的安全，並節省國防經費。

美國軍艦進入南海，中國應歡迎他們到中國的海港和島礁訪問。美國有多種偵查手段，在各國合作下，對南海瞭如指掌；中國伸出歡迎之手開放，不會洩露更多的機密。大度開放也不會丟面子。中國應主動要求參加美國在南海的軍演，並邀請美國參加在南海的各國聯合軍演與救援救災醫護等演習，化解彼此的疑慮。

2. 擁有 10 成員國的東盟積極擴大自貿圈，擴大影響力和安全。從 10+1（指中國），10+3（加日本、韓國），到 10+5（再加澳大利亞和新西蘭），成為《區域全面經濟夥伴關係協定》RCEP（Regional Comprehensive Economic Partnership）。中國認識這大自貿區的重大意義，積極推動和參與，率先批准，可稱明智。中、日、韓都在東盟外與東盟合作。夥伴協定使三國與東盟國家都是平等成員，成為內部合作。中國獲得重要機會，今後應改善外交方式，在 RCEP 中善於與人平等相處，爭取朋友，而不是爭大頭，爭權奪利。

對應這夥伴協定的，有原來美國倡議，後來特朗普「美獨」退出，日本繼續促成 11 國的《亞太自貿區全面與進步跨太平洋夥伴關係協定》CPTPP（The Comprehensiveand Progressive Agreement for Trans-Pacific Partnership）。日本兼跨兩個自貿集團（兼跨的還有馬來西亞、新加坡、越南、汶萊、澳大利亞、新西蘭）。日本在全世界有巨大投資和產業，經貿關係無遠弗屆，

與許多國家有雙邊自貿協定，因此在這兩個自貿集團中，勢將擁有最大的主導權和影響力。李克強期望，中國在 RCEP 的基礎上，積極考慮加入 CPTPP。中國不必與日本爭勝，而是低調建立朋友群。時間是中國的朋友。

蒙古、尼泊爾、不丹沒有參加自貿集團。中國應該主動給他們單方面的自由貿易優惠：將對他們的出口和從他們的進口，一律 0 關稅，但不必要求對方給予互惠措施。同時，開放各國學生和經貿人員來往的免簽待遇，以加強民間的無縫來往，鞏固鄰邦友誼。

中國不像美國，沒有許多國際聯盟的老本，反而周邊問題重重，四境有虎視眈眈的世界級強國，因此必須用心、費心，珍視這個 RCEP 的機會。

3. 日本：日本是近代侵略中國的最大敵人之一，而且野心不死，仍認為東方應當由他領導，但是也不願與中國成為永遠的敵國，而是他的大弟。中國雖然永遠不可以忘記日本侵略和暴行的國恥，必須要求日本悔過和賠償，但不可以永存復仇的心理。東亞的理想前景當然是和平，不是冤冤相報。為了子孫的和平與幸福，中國必須將日本化為友邦。日本擁有在全球的強大經濟實力，其國民生產總值 GNP 比本土 GDP 可能大不止一倍。日本有高精尖的科技實力；其海空軍位列世界精銳，還與美國是軍事同盟。首相菅義偉是第一個訪問拜登政府的外國領導，雙方商討如何鞏固在亞洲的強勢地位。日本是 G7、G20、OECD、CPTPP、RCEP、QUAD 的成員；深耕國際友誼幾十年，基本上與所有國家關係良好，其護照免簽是世界第一

（191 國）。日本有海洋大國的外線優勢，可以封鎖大部分中國海岸。中國擁有的三點優勢是：人多、地大、有未來成長空間。爭取日本友誼，有文化接近和地理接近的優勢。因此中國必須有耐心，以柔性外交、和平外交，爭取日本的友誼，創造東亞大和平。

4. 朝鮮：特朗普以個人對談方式與金正恩交鋒，沒有結果。拜登將與朝鮮重啓外交談判。中國是朝鮮唯一鄰國，唯一同制度的國家，最有可能協助朝鮮解決問題。中國可以與朝鮮探討，什麼是對金家政權最好，對朝鮮國家和國民最好，對半島永久和平也最好的設想，然後在聯合國通過國際解決方案。不妨勸朝鮮考慮建立為國際中立國，成為東亞的瑞士，前景光明。朝鮮的中立受聯合國保障，核武就不必要，棘手的核武問題從而徹底解決。朝鮮中立，會永遠是中國的友鄰，並將與韓國在所有各方面形成實際統一，只是有兩個政府。中國也將獲得韓國的永久友誼與互信。東亞將獲得長期的和平、安全、繁榮。

南韓的統一部長提出「一民族兩國家，兩制度一市場」的設想。也是民族和經濟統一，政治不必統一；但不能解決核武問題。

5. 歐洲：是當前中國在區域外最優先爭取的對象。歐洲是北美以外世界上最重要的經濟、科技、政治、軍事區域集團，擁有歷史悠久的全球影響力。歐洲有些國家的社會經濟與福利制度，比美國更合理而先進，國民幸福水平超過美國。中國有心深化與歐洲的經貿關係，去年爭取與歐洲簽訂了貿易協定，想借鏡歐洲，改善國內的金融、勞工、福利等制度，並提高產

品質量，解脫次品和污染大國的惡譽。是正面的成就。

　　歐洲軍事力量向東方延伸，中國不必在意。反而理應邀請東來的英法軍艦到中國港口訪問，以禮接待，表示和平誠意：與歐洲是友非敵。歐盟議會通過《印太地區合作戰略》，軍事與經濟並重；經貿強調合作，保持與中、美兩邊都來往的獨立地位。中國在經貿方面應把握機會加強合作，在軍事上避免對立而盡力友好，可以有助於緩解中美緊張關係。

　　歐洲東部是歐洲的後進地區，中國另建有經貿聯繫的渠道。2月與中東歐領導人峰會通過了《2021年中國──中東歐國家合作北京活動計劃》，中國倡議疫苗合作、綠色經濟、清潔能源、教育文化等領域交流合作；以及擴大進出口貿易。

　　6. 俄國：歷史上俄國是侵略中國最多最久的國家，蘇聯時期協助中共建黨和建國，關係不一般，但是有利蘇聯而不利中國。中蘇後來不和，但至今保持蘇聯的政治體制和意識形態，以及親俄的立場。中俄陸地邊界8000公里，從西北到東北籠罩中國。俄國各類資源都豐富，對中國有生命線的重要性。地球氣候變暖，西伯利亞的發展前景光明，對中國更是重要。俄國的軍事科技和實力超過中國，是中國所依賴。從任何角度看，中國必須保持與俄國最友好的關係，甚至採取「以小事大」的態度，以保持北方國防和經濟後方的安全，並預防美、俄合作對付中國。但中國不可以再度陷入俄羅斯的帝國宏圖中，被利用為對抗美國和西方的馬前卒。在美、俄之間，中國應謹慎保持中立。

　　7. 聯合國：中國全球戰略的主軸，應該是在聯合國中推動

建立多元化的多邊世界大和平。2020 年 9 月聯合國秘書長古特瑞斯的工作報告稱，世界的重大問題，人的不平等、環境惡化、氣候危機、社會保障、保健系統等，需要全世界建立新的社會契約，實施全球新政。這些都是中國應該努力的領域，應該積極在聯合國中倡導合作。經過國際組織推動多邊和平與發展，需要付出多年默默無聞的努力，但可建立廣泛的友誼和影響力。

　　a. 氣候變化、環境污染、生態保護：是全球共同的問題。所有國家在發展中都發生環境污染的問題，但欲進步到成為發達國家，必須解決這些問題，不僅是為本國國民的健康、生命和發展，也是對世界的責任。氣候變化影響全世界的農業和產業巨大變動；海平面上升將淹沒人口密集的沿海土地。中國將是遭受影響最厲害的國家。中國因空氣、土壤、水域的污染，每年傷、病、死亡數不知幾百萬。日光、空氣、水，是生命三大要素，中國人均使用水只是世界人均的 1/4；西藏高原的融冰加速，水源流失，將更加重中國的水危機。氣候變化更導致自然災害頻發。聯合國減少災害風險辦公室發佈的《災害的代價：2000-2019》稱，近 20 年全球災害事件比上一個 20 年幾乎增加一倍。共達 7348 起。中國 577 起，居第一；美國第二。中美是難兄難弟，都重視氣候變化問題，主張合作。拜登的氣候特使凱里是第一個訪華的特使。拜登 4 月邀請舉行的網上氣候變化高峰會上，兩國都做出積極的承諾（美國在 2030 年前將碳排減少 50%；中國在 2030 年碳排將達到峰值，2060 年前實現碳中和）。兩國是否能夠兌現承諾，將是向世界交出的成績單。中國除在國內致力減低碳排外，應在聯合國內，領先出錢出力，

推動擴大現有的挽救氣候變化、環境污染、生態環境的各種機制，擴大在科研、企業、生活習慣各方面綠色經濟的國際努力。

b. 新冠疫情使得國民健康和防疫治疫升級到國家安全和經濟發展的戰略層面。病毒轉播無國界，引起了對全人類健康和防治疫不可分割的認識，開啓各國合作的新契機。中國官方立場是支持世衛組織，建立國際機制，合作研發防治各種新舊傳染病病毒的疫苗藥品，免除專利，全球低價、平等分享。反對將保健問題政治化。

c. 聯合國 70 多年來對各方面都貢獻良多，但是面對世界上新的問題，束手無策。中國可以率先建議提升聯合國功能。例如：建立關於互聯網 internet 的專門機構。互聯網滲透全球各國，是無國界的新企業。各國和國際間關於互聯網公司的壟斷、納稅、侵犯隱私權、主導信息等問題，早已爭執不斷；一國政府利用互聯網數據更涉及其他國家的安全。將來萬物互聯 internet of things 的發展強勁，問題更多。都應該在聯合國內共同商討，建立機制、規則、管理、監督辦法，加以處理。

d. 軍事是聯合國處理的第一問題，中國可以主動、明確地表示不參加軍備競爭。中國既不必擔憂外來侵略，可以率先削減軍費，以獲得國際信任和友誼。可以加強軍事科研，作為維護和平的後盾，但不需要大規模生產和擴充軍備。

中國可以在聯合國倡議，建立共同反侵略機制：任何侵略者將面對聯合國會員國的共同制裁。可以建議禁止北極軍事化（南極已經非軍事化）；核武國家全體參加《無核武器條約》。

美國和北約即將退出阿富汗。阿富汗號稱是帝國墳場，阿富汗人自己也無法治理。中國是鄰國，唇齒相關，可以建議由聯合國出面：首先組織阿富汗維持和平部隊，阻止武裝衝突；繼而由聯合國邀請阿富汗境內各方商討長期和平方案。例如仿照瑞士制度，在國內建立瑞士型的聯邦，永遠消彌內戰；在國際上由聯合國會員國簽訂條約，建立為國際中立國，永遠脫離國際紛爭，也使周邊區域安享和平與繁榮。

　　聯合國不妨勸說若干有國內外難解糾紛的國家，參考瑞士模式，建立為由聯合國承認和保障的國際中立國，從而永保長期和平與發展。

　　8. 貿易：中美間的「戰」，是從貿易戰開始。拜登主張理性談判，實事求是解決問題，顯然貿易戰的烽火將會稍歇。美國本來就是利用中國從事產業鏈的低端生產，美國保持科研和高端產業。2020 年在新冠衝擊的背景下，中美貿易仍增長 8.8%。可見互利貿易的關係密切。美國如全部切斷在中國的投資、廉價生產、廉價勞工、以及留學生人才來源，確實不智。美國將會保持對美國有利的貿易關係，但保護有關國家安全的科技、信息產業。中國有機會尋求共同點，去擴大共同利益。讓經濟開放發展，擴大在全世界合作的空間，避免與美國「脫鈎」，並建立世界的多元化和平與合作。

　　美國可能擱置或降低對中國公司的排斥。其重點努力將轉為保持新興科技的創新領先，而不是保護已有的科技。美國有許多高科技公司希望獲得中國市場，藉以強化美國的科研產業；不怕科技被分享。中國可提倡科技合作研發，不使科技分化為

對立的陣營。

9. 人權問題：人權問題普遍受到重視，是人類的進步。人權問題確實使中國遭受多種實質困難，例如歐洲議會停止了中歐貿易協定的批准程序。大陸 2012 年提出 24 字的社會主義價值觀：民主、自由、公平、平等、法治等都包含在內。令人覺得有包容西方提倡的普世價值的趨勢。必須繼續「改革開放」的大方向，實現那些價值，不致永遠在人權問題上屈居劣勢。

結論：世界多元化的趨勢是必然的。各國都會發展，任何人無法阻擋。當美國揮舞強勢的大棒時，中國不必學樣奉陪，而應以追求多元多邊國際大和平為己任。在言辭上和行動上必須避免有霸凌或爭霸的嫌疑，特別在東南亞。和平外交和以柔克剛，將考驗中國的智慧。

美國仍有強勁的活力，新移民仍不斷湧入，拼搏和創新精神旺盛。美國人在自由民主制度下，各有想法，常常與當政者的意見不一致。但這不一定是弱點。在面臨重大挑戰的時候，美國人還是很團結的。美國人有自我努力追求理想的精神，因此擁有多方面的人才，多方面的活力，創新和進步的潛力。並沒有走下坡。歐洲人水平高，從爭霸轉為追求人民的幸福安康，社會的公平平等，也不是走下坡。

美國實力為世界第一已經 100 多年，且 150 多年沒有戰亂破壞，累積的國力雄厚，擁有龐大的軍事潛力，仍口口聲聲保衛和平，不以好戰自居。中國還在發展中階段，不應該以戰狼外交自豪。（2021 年 5 月）

五、試談中美都應考慮設立獨立的監察院

新冠大疫迅速擴大到全世界，病毒不斷變異，全球疫情居高不下。其對世界各國的社會、經濟、政治到日常生活各方面的影響，既深且遠。在因應疫情的過程中，各國暴露出深藏的制度性缺點。怎樣使制度更完善，因應未來的各種挑戰與危機，值得深思。

美國在面臨新冠病毒的衝擊中，政府和民間都因應遲緩，至今無從追究責任。2019 年 12 月下旬中國向世界衛生組織報告發現新冠病毒，2020 年 1 月 23 日開始在武漢和湖北省採取嚴厲的封城封市措施，迅速推廣到全國性的封鎖。1 月 30 日衛生組織向全世界通告新冠病毒是「國際應關注的公共衛生緊急事件」。這些美國全都知道，但是卻毫未注意。衛生機構和醫學界沒有注意；白宮沒有注意，政府各機構沒有注意；參眾兩院都沒有注意；輿論界沒有注意；活躍的民間非政府組織也沒有注意。看到新聞的人卻隔岸觀火，覺得與己無關，沒有呼籲採取防範措施。疫情擴大後，對防疫工作也爭執不休，政府中的黨爭因新冠而更趨極端；民眾以各種各樣理由拒絕打防疫針，拒絕戴口罩，拒絕暫停群聚活動。宗教信仰與公民責任衝突，陷入不解的死結。美國竟成為世界上最大的疫情國，病例和死亡人數世界第一。沒有一個客觀、公正、受到全國國民信任的機構發聲，調查事實，調解各種不同的意見，提出客觀、公正而權威的意見。

中國（大陸）以中央集權的權威，因應疫情是以一刀切的封控辦法，不計代價地強力堵截病毒的傳播。短時間似乎有效，

貳、中美關係

87

但是忽視人民所受的痛苦和付出的代價。大陸的醫療制度是：城市居民去醫院看病要分等級，不是人人得到應有的治療。農民和外地來的打工人在城市都沒有醫療權利。新聞報導，武漢因為病人多，病床不足，有的居民病人被醫院拒收，死在家中，不列入統計。農民工和其他打工人無權去醫院求治，情況更不得而知。

武漢疫情初期有 500 萬人出城。其中出國的 6 萬，帶病的人很多，病毒迅速傳到許多國家，以至很多國家指責中國。500 萬人中，約 100 萬是學生，400 萬是打工的，大多數是農民工。他們都是集體生活和上課、工作、打工，容易感染。但他們無法求醫，他們的傳染情況無人知曉。他們乘擁擠的交通工具輾轉回家，途中有多少人感染，沒有信息報導。鄉下的封村很嚴厲；很可能是有實際傳染的情況。中小城市醫療條件不足，鄉村更差。那些病人怎樣治療或沒有治療，至今沒有人追究實情。疫情過後，也沒有人呼籲對疫情中遭受的失業、倒閉、或各種損失而給予補償。

美國三權分立，監督政府的責任屬於立法權的議會，但對議會自身和對社會都沒有監察和提出糾正的機制。議會內的兩黨往往陷於劇烈的不顧事實，不顧國家和國民利益的纏鬥，耽誤大事。

中國不如民主國家的吵吵鬧鬧，能夠令行禁止地辦事。但卻有專政體制中忽略人民的損失與痛苦的問題。更因為缺乏自我監督、自我糾正的機制，任何問題無法及早提出來公開討論和改善，直到非常嚴重才重施一刀切手段嚴整，卻衍生新的

問題。歷史上，集權國家的確是效率高，能夠在短期內突出地建設國家，擴張國力。最近的如納粹德國（右傾的國家社會主義），如共產蘇聯（左傾的社會主義），都能控制民意，歡呼稱霸。但只是短期的輝煌，最後鑄成大錯。

孫中山先生熟悉中、美的歷史和制度，明智地認識到兩者的缺點。他欣賞美國的三權分立制度，但也知道中國傳統帝制中有御史約束帝權和官僚權力的優點。雖然強勢的皇帝和無道的君王不把御史當一回事，但在「正常」情況下，君臣們不得不顧忌御史們的諫言和參劾。歷史上所有偉大文明的帝國都消失於塵埃。唯有中華文明雖經大起大落，基本屹立不墜，源遠流長，固然客觀因素甚多，但是御史之有助於維繫皇權的運作不失理性，也是一個重要原因。中山先生查古知今，預測中國的政治文化會有行政部門集權的趨勢。於是他融合中美制度，興起監察制度的想法。1921 年提出建立監察權的主張；加上考試權，成為五權憲法學說。

恰在同年，美國國會設立了獨立運作的政府職責監察署（Government Accountability Office，簡稱 GAO），負責基於事實的無黨派監督，是美國聯邦政府最高的審計和監督機構。署長（Comptroller General）由總統提名，參議院同意而任命。可見美國議會也認識有必要提升獨立的監察權。但 GAO 監督行政機關，不監察議會自己。議會內黨爭激烈，多數黨濫用其多數，反對黨則凡事必反。議會與總統府對峙，難解難分。

按照孫中山遺教，中華民國憲法規定監察院為五院之一，負責行使彈劾權、糾舉權、監察權（調查權）、監試權及審計權。

但是其效果顯然不如理想。理由之一是：監察委員都是執政黨黨員，不能充分履行監察執政黨的職責。

中華人民共和國很早也在國務院內設有監察機構，位置不高。經過多次機構改革和名稱改變，並幾次併入共產黨的紀委，成為黨的工具，失去監察黨政的功能。2018年又修改憲法，將監察權從國務院剝離，轉而在人大內設「國家監察委員會」，獨立行使監察權。但仍是有名無實，不久再被併入黨的紀委。

綜觀中、美所顯現的弊端，設立一個獨立而位高權重的監察機關，應是迫切的需要。真正有力而公正的監察機構，須要具備以下幾個條件：

1. 在美國，監察委員必須是民選產生，擁有現代意義的不可動搖的授權 mandate，與總統、議會的地位平等。監察將與立法、行政、司法並立，成為「四權分立」制度。中國（大陸）沒有選舉制度，按照現行辦法，由黨政提名，全國人大（代表也是黨所派）通過而產生的國家監察委員會與中共中央紀律檢查委員會的機關合署辦公，實際上是紀檢加一塊牌子。中美都需要修改憲法（美國是增加修正案），將四權鼎立定為國家制度。

2. 鑒於美國的黨爭是其政治上許多死結的根本原因，中國的一黨專政也是許多錯誤的根本原因，因此，新的監察制度有必要規定：所有的監察委員，必須在宣誓就職之前，先宣誓脫離一切政黨，以獨立身份執行職務。在美國是脫離民主黨、共和黨、或其他政黨。在中國是脫離共產黨等。所有聯邦、中央和地方各級監察機構內的工作人員都必須宣誓脫離任何政黨，超然於政黨之上。

3. 監察委員的候選人，必須符合一定的客觀的高標準資格條件，包括德行的標準：德行有缺的人不得參選。每一個社會都有其理想，這種理想即使往往被有權的公、私各方扭曲，仍然存在。監察機構應該代表一種道德高度，發揮正能量。不是有本事籌錢的或善於競選演說的便可勝任。

4. 為保持監察委員的崇高地位，監察委員的任期必須較長，以便不受幾年一次的政黨選舉或黨政換屆的影響。避免經常競選（如美國）和被當政的領導人撤換（如中國）的弊端。任期長能建立威望，並超然於短期間的政治風雲之上。美國 GAO 署長任期是 15 年，可供參考。美國的大法官是終身制，所以威望特別高。監察機構主要是提出建言和彈劾，應該有言論自由和獨立調查權，不受其他三權的干涉。他們代表人民，也代表國家和民族的理想。他們沒有執行權，但有崇高的影響力。

5. 中國古代的御史完全是針對皇帝和朝廷官員的；美國議會監察權的對象也是行政機關。老百姓沒有權，沒有做壞事的能力，不必監督。但現代的政治思想是：政權屬於人民，人民是主人，人民擁有最後的政治權力：有決定國家方向的選舉權。各種企業和民間組織以及互聯網，各為本身利益而影響政府和民意。因此現代的「人民」也可能犯大錯，禍及國家民族。希特勒就是人民選出來的，可為殷鑑。擁有主權的「人民」或「選民」需要一種「御史」給他們進諫。因此，新的監察機構應該有對人民的監察功能。以免人民陷入自我傷害的行為而不自知。

社會往往有根深蒂固的一些老毛病，有待某種監察機制來提醒注意和糾正。還有一些新潮流，形成不良風氣，亟待注意。

例如：社會上擁有權、錢的勢力擁有過大的影響力，為私利而操縱民意，影響政府。社交媒體氾濫，傳播假新聞和操縱炒作民意，鼓動社會分裂。青少年普遍有手機上癮問題，戕害他們的身心健康。垃圾食品泛濫，傷害國民的健康與生命，每年因此生病或死亡的人數驚人。在新冠疫情中，發病率和死亡率最高的，是有宿疾的人，而主要的宿疾往往是不健康的飲食習慣造成。但從來沒有人追究責任問題。有些科學調查或民意調查，往往後面有利益集團支持，各說各話，公眾也各憑主觀而站邊。在新冠疫情中，關於打或不打預防針，意見紛紜。疾病防控中心 CDC 被視為偏向民主黨。其他例子不勝枚舉。

在中國，由於大批農民工的家庭遭受分裂，學生、青少年身心發展受害的情況，特別嚴重；社會普遍有貶低和蔑視農民的習氣；菸酒之害是全球第一，致病率也是全球第一；996 工作製造出「中國速度」，卻逼使幾億人損失正常生活，身心健康受損；過份的拜金主義形成貪污腐化的政風和社會上的低俗文化；社交媒體內容貧乏，公民文化的素質偏低；社會經濟各方面極度不公平，等等，都顯示需要有不受政治影響的、公正的、關心公民的監察機制，做出獨立調查和提出糾正意見。

未來的監察機關，怎樣對主權者的「人民」監察和約束，是未來的新課題。完整的監察權必須兼顧監察政府、政黨和人民。

結論。中美都需要建立公正而有權威的監察機構。兩國的制度不同，監察委員的產生方式不同，監察的對象和職能也必然不同。但都必須能發揮獨立的超然的監察職能。古今中外從

來沒有完全完美的制度。中、美是當今兩種不同制度的代表，也都不完美，需要在各自制度中增加一個監察機構來監察和平衡現在的權力結構。兩國都自詡偉大，自以為是，任何基本改革都很困難。但是人類總是在不斷進步，改革的空間總是存在。也許監察院的制度不完全是夢想吧。（2021 年 10 月）

六、試觀察 2023 年中美關係

2022 年世局在很多方面發生重大事件。2023 年必然是探索新階段的一年。

中美衝突在 2022 年越來越加深，迫使雙方都認識到有必要穩定雙方的關係。拜登說，與中國是競爭，不要衝突 conflict，不必形成新的冷戰。習近平稱，不想取代美國或改變現行國際秩序，也呼籲中美合作，強調人類命運共同體。拜習於 2022/11/4 在印尼的巴厘會談，雙方都反對烏戰用核武，同意在氣候變化、糧食安全、和經濟問題上保持對話。劉鶴與葉倫在達沃斯論壇明白表示願意管控對立，避免衝突。顯然中美雙方都認識到，合作應當是主流。雙方基本政策有交集的空間。但雙方將如何頡頏，可能十分驚險。

中美間的進出口貿易年達 5 萬億人民幣（約 7000 億美元）。貿易總額並未下降。中國需要外國產品，如機械工具、化學產品、半導體產品、電子產品、以及能源、食物、藥品，以至奢侈品，更需要大量進口能源、糧食和自然資源，必須開放貿易，主要是對美貿易。美國需要中國代工生產，能降低生產成本，發揮經濟效益，並以其廉價商品搶佔世界市場。也需要中國的其他廉價產品，同時需要中國市場。美國的大小廠商並不願意離開中國。經貿的全球化，合乎經濟優化的規律，促進人類全體的進步和優化。任何國家不能逆勢而行。但美國擔心高科技產業的優勢被中國大陸攫取，影響國家安全。西方國家大多數有同感。於是科技戰正方興未艾。

國內建設是競爭的基礎。美國在本國致力加強經濟，加強基本建設、半導體產業、綠色能源、稀有元素等；外則從北美到歐洲到印太，掌握各地的經濟、產業和各種資源。並針對中國的一帶一路，與歐洲制定新的外援計劃，鞏固與發展中國家的關係。美國完成盟邦關係環環相扣，以期立於不敗之地。更致力於推動眾多打工國興起，主要是印度，使中國不再是獨大的產業打工國，無力與美國競爭。

　　中國（大陸）也一方面重新重視經濟發展，一方面開拓國際空間。中國基本上是靠為外國打工和全球貿易而崛起。近年打擊民營企業和 IT 業，失掉創新和飛躍發展的勢頭，並使外國投資者卻步，不可挽回地失去過去三四十年吸引外資的機遇。最近發現這是危機。開始致力於恢復其疲弱的經濟，盡量維持出口業，安撫民營企業，以保持經濟活力和就業，及政府收入。同時大力投資發展高科技研發。還有跡象要提高城市的社會福利，以安定社會，鼓勵消費，甚至提升生育率。在國際上，收斂戰狼姿態，爭取友國和開拓經貿的空間。王毅訪問歐洲，並邀請歐洲領袖訪問中國。又牽線使沙特與伊朗恢復關係；外交官訪問東南亞的越南、菲律賓、汶萊、泰國等。各國都聰明，會利用中美之間的頡頏而從雙方攫取利益，不是簡單地選擇左右偏袒。中國因此有很多機會重建國際關係。

　　中美關係的發展，受許多客觀因素的影響。以下略談幾點，以窺見中美互動的因果。

　　1. 俄羅斯因素：中美對立的最根本源頭是蘇聯留下來的。大陸是遵照蘇聯意識形態而建國，視蘇聯是「我方」，視非蘇

聯體系的世界為「他方」，是敵方。反過來，美國視「蘇—中」是要顛覆西方體制的「對方」，敵方。尼克松把大陸拉出蘇聯勢力範圍，大陸經濟上成為西方主導的世界經貿體系的一員，但是政治的上層建築卻不變。美國和西方原期望濟發展會改變大陸的政治，結果失望，轉而視大陸是最大的威脅。而大陸必須親俄，依靠俄羅斯的大國存在，以維繫其「奉蘇承運」的體制合理性。故雙方對峙。

歷史上，俄羅斯始終是眼望西方，學習西歐，想要融入西歐文明。蘇聯解體後，俄國人想方設法移民去西方國家，顯示人心仍是嚮往歐美。如果俄羅斯變天，則大陸的「體制合理性」將面臨重大挑戰，四境便全被敵人包圍。日本、印度虎視眈眈，東南亞各國個個是「國防靠美國」。因此大陸必須支持普京的俄羅斯，以維護本身的存在和安全。

由於意識形態和經濟資源依賴的雙重關係，包括武器硬件和軍事的依賴，大陸中國也必須保持與俄國的友誼：失去後院的安全和資源都是不可承受的。這次是習普第 41 次會唔，他的兩大目的便是：鞏固普京帝國和簽訂經濟協議。

2. 俄烏戰的因素：俄國入侵烏克蘭，歐洲國家在俄羅斯的直接威脅下，堅決援烏抗俄。由於習近平承諾給普京無上限支持，意思就是支持普京以武力恢復俄羅斯帝國，換取普京支持他對台武統。東西兩個戰場便聯繫起來。歐洲國家於是加入在亞洲以台海為前沿的抗中聯盟，而東南亞國家的恐中心理也更強烈，「烏克蘭之後就是我」和「台灣之後就是我」的心理互應，形成全球性對壘。

中國對俄侵烏之戰的立場很尷尬。首先，中國不能讓俄國全敗，否則中國「奉蘇承運」的政權基礎會受到根本的衝擊。其次，俄國國內會發生什麼變化，難以預測。中國將受池魚之殃。如果俄國國內形勢變化，竟加入西方陣營，對大陸政治的衝擊更大。無論如何，大陸攻台的勝算都將消失。

　　但是大陸也不能讓烏克蘭全敗。歷史上俄國 - 蘇聯打壓中國的餘威猶存。一旦俄羅斯帝國復興，加強對中國周邊國家的控制，也會加大對中國的威壓侵略。那都是中國人恐懼的夢魘。

　　外方猜測習訪俄將斡旋和平，以期維持現狀。看來沒有結果。俄國並不接受中國的 12 點和平條件，不願意中國的國際地位提高，同時西方認為中國是在幫助俄國，也不接受。但是中俄聲明中提到「聯合國安理會授權」，是否暗含什麼默識，不得而知。可能是試探能否通過聯合國 - 安理會的雙重斡旋，俄烏雙方都充分參與而不失面子，最後讓烏克蘭收回全部失土（烏方勝利），但允諾在聯合國保障下永久中立，不參加北約，讓俄羅斯達到其阻止北約東擴的作戰目的（俄方勝利）。中國是否將邀約其他國家共同斡旋，有待觀察。

　　3. 日本因素：美國駐日本大使伊曼紐說，美日同盟的性質已「轉守為攻」。過去美日同盟是「防禦同盟」，今後轉為「進攻同盟」。日本的新版「安保3文件」載明日本應擁有反擊能力。意思是：日本與中國大陸發生衝突時，日本將採取攻勢。美日顯然已經協議，由日本擔任前鋒攻擊任務。如果在俄烏戰中，西方允許烏克蘭採取「攻擊是最佳防禦」戰術，攻擊俄國境內的軍事基地，則日本將乘機以保衛釣魚台、琉球群島為藉口，

攻擊大陸；美國則在背後全力支持。有美國、印度等國的支持，日本可期必勝。日本等待機會已久，已經整裝待發，並在外交上積極佈置，提升在東方抗中的地位，與在西方抗俄的歐洲地位對等。中國面臨的形勢嚴峻。

4. 印度因素：世銀估計，2023 年印度 GDP 增長 6.7%，中國 4.2%。印度志在追趕中國，擁有種種優勢，如：人口超過中國、人口結構年輕，生育率高，勞動力豐富，科技教育有基礎，科技人才傲視全球；GDP 成長快；獨佔印度洋的海洋地緣優勢，周邊沒有大國威脅；政治經濟社會體制與西方國家接近，同時印僑在海外勢力雄厚，可以順利融入西方陣營，獲得投資、技術，人才和市場。印度一向是第三世界的領袖，與不結盟國家的 120 國、77 國集團現在的 134 國基本友善，不難獲得全球資源和市場，主導龐大的全球產業鏈。印度已經是 IT 產業大國，進而成為世界最大製造業大國指日可待。美國正積極扶植印度；國會 3 月通過議案，承認麥克馬洪線，讓藏南屬於印度，一舉使印美成為鐵杆盟友。（美國把琉球給日本，日美便成為鐵杆盟友。）美國促成世界多元的新形勢將出現美、俄、歐、中、印，日（東亞）、東南亞、中東、墨西哥（融入北美）、巴西（南美）等多極，從而削弱中國的地位，無力與美國兩級對立，而美國仍是眾星中的北極。

5. 台海因素：台海是大中華的歷史性問題，也是大陸在國際上引起許多爭端的基本原因。台灣與東南亞／南海的安全問題分不開，又位居印太戰略中軸地位，還涉及世界半導體產業鏈、海上貿易要道等諸多問題，更是美與俄─中對立的前線。

早已不僅是大中華內部的問題，而是全球大戰略的一環。大陸對此現勢必須理解和尊重。否則陷入與全球為敵而不自知，使兩岸陷入國際性的殘殺。

大陸聲稱有權統一，但以武力打台灣，就會被其他國家視為是大陸的軍事擴張。從歷史看，中華民國於 1912 年建立，早於人民共和國的建國，1949 年後退到台灣，只得到很少國家的正式外交承認，持中華民國護照的公民在世界各地進行經貿和文化交往時，各國為避大陸的忌諱，只稱台灣，反而助長了台灣不屬於中華的感覺，因此各國不以為大陸有權打台灣。

把台海問題作為內政問題順利和平地解決，關鍵只在大陸一念之間。要點就是徹底承認中華同胞一律平等，兩岸平等；徹底放棄武統，停止文攻武嚇；兩岸平等談判，探討和平合作共處的未來大中華國家體制。大陸不費一兵一卒就可以完成和平統一，坐擁大中華統一的名份以及和平統一 1+1>2 的實力。武統產生毀滅和仇恨，結果是 1+1<1。何況，鷸蚌相爭，必然漁翁得利。

武統是帝王思想。時代進步，民權進步，從帝王專制到君主立憲、民主共和、軍事獨裁、一黨專政，到聯邦、聯盟等等各種國體，各國又各因國情而制定各自的制度。台海兩岸不可能以復古方式統一，必須開創一個理想的新制度。

香港的「一國兩制」曾經提供一個思考。其缺點是：限期 50 年；有人問：50 年以後呢？因此令人擔憂，而共產黨還不等 50 年，於是夭折。如果將「一國兩制」增訂為升級版，並確定為永久版，建立穩妥的制度，陸、台、港、澳共建聯邦，便可

能是中華長治久安之計。同時釜底抽薪地解除許許多多國際糾紛。一舉數得。對大陸而言,那不是「退一步海闊天空」;是「進一步海闊天空」。

結論:中美顯然都理解,必須是共存共贏,不能分裂衝突。新加坡的李顯龍說:「世界經不起美中衝突」。是智者之言。全世界都期望中美合作,否則是全人類的災難。兩國都有義務,不要因為對方不合作便也不合作,不必為對方的莽撞舉動而加碼報復。不休不止。兩國都應該對自己負責,也對國際負責。

世界必然走向全球化,多元多極共存。即使中東的以色列和伊斯蘭國家,沙特和伊朗,都在致力於化敵為友,共同引領中東地區的崛起。

美國共和黨總統候選人哈利 Nikki Haley 打出「世代變革 generational changes」的競選口號。歷史上,重大變革往往是因為新世代上台而不可避免地、自然地產生「世代變革」。她認為世代變革的時機成熟。這是一個啟示。大陸統治層中是否會出現「紅三代」,推動世代變革,改善中美關係,將受全球矚目。(2023 年 4 月)

七、從葉倫的訪華試看中美關係

美國財政部長葉倫於 7 月 6 日至 9 日訪華（大陸）。她宣稱訪華的目的是「尋求與中國健康的經濟競爭，打開溝通的機會，避免溝通不暢或誤解」，並說建立溝通是拜登的訓令。中國希望她能夠有助於解除禁運。

葉倫 7/7（星期五）與國務院總理李強和前副總理劉鶴、人民銀行行長易綱會談。赴人民銀行前行長周小川的晚宴。晚上與美國商會成員舉行座談會，波音、美國銀行等高管參加。

7/8 上午與中國氣候和金融專家會面。下午與副總理何立峰會談。葉倫強調三點：直接溝通；貿易是互利，應合作而非脫鉤；在氣候變化上合作。何立峰引習、拜去年 11 月會談的共識稱，願意改善關係。中午她宴請 6 位女青年經濟學家午餐，談論婦女的工作和生活。

7/9 與中國銀行侯任行長潘功勝會談。在美國駐華使館舉行記者招待會。離開大陸。

中國財政部於 7/10 發佈聲明，肯定葉倫訪華的積極意義。同時提出四點會談時沒有結果的要求。主要是美國放寬對中國的各種禁令。

葉倫的訪華，各方面的評價多半是正面的。她打開直接接觸和就實務進行會談的大門；釋放友好信息，顯示對中國文化，人物，生活、食物的了解和興趣，包括與年輕女經濟學家聚餐。她是經濟學家，又是婦女，這些都贏得官方和民間的好感。

葉倫訪華之後，中美雙方緊接著有密集的互動：

7/12 美國國防部邀請中國駐美大使館人員去五角大廈會談。因為軍方拒絕會談，所以改請外交人員。會談的內容不詳，但雙方願意對話本身就是進展。

7/13 王毅和布林肯在雅加達東盟峰會上再度會談。他們是政治層級的會談，針鋒相對。但同意保持會談是好的。

7/16 美國氣候特使克里抵達北京，就合作應對氣候變化與中方深入交換意見，商討就《巴黎協定》的承諾進行具體合作事項。

美國商務部長雷蒙多也將訪華，中國商務部表示歡迎。美國提高關稅的商品達 3000 多億美元，並把 1300 個中國企業列入制裁名單，是美中衝突的焦點之一，需要談判。

中美關係近年特別緊張，但兩國顯然都有意降溫，促成會談增加。其中因果，需要探討兩國制度和利益的深層衝突與變化，以及最近全球國際關係的重大變化。

1. 二戰後美國以蘇聯為主要敵人。中國大陸 1949 後附屬於蘇聯及其繼承者的俄羅斯，便也成為美國的敵人。美蘇之爭以政治軍事競爭為主。冷戰後，隨著大陸的經貿發展，美國轉而認定中國是全面競爭對手，尤其要防止中國獲得高科技領域的競爭能力。在這兩大壁壘對立的大局下，中美兩國的國內，都各有重視政治與戰略的一派和重視經濟與生活的一派。

美國政府的主導思想是以維護美國全球戰略利益和霸權地位，並以維護全球安全體系為己任，同時維持美國為世界最強大的經濟體和最高的科技能力，以支撐其戰略地位。在軍事上，俄國入侵烏克蘭，大陸承諾無上限支持，使美國和西方一致認

為中俄一體，大陸必然要乘勢打台灣。東南亞國家也認為台灣之後，就是他們，他們需要美國保護，加上台灣的位置和經濟有多層的戰略重要性，歐美和各國形成保護台灣的共識。美國採取「以武止武」的預防戰略，佈置絕對的軍事優勢，以期嚇阻大陸用武。政治派也可以稱為戰略派。

美國的金融和工商業者基於國際分工合作，各國各以比較優勢生產而進行貿易交換，合乎經濟原理，對各國都有利，一向主張合作。中美「脫鉤」將破壞全球經濟穩定，傷害兩國的基本利益和全球利益（IMF 也警告：兩大壁壘的對立，減緩了世界的經濟發展。），2022 年中美貿易額達到歷史最高的 6,900 億美元，可見生產者和消費者有重大互利關係。經濟派也可以稱為民生派，和平派。葉倫便不主張貿易戰、關稅戰、脫鉤戰。

2. 大陸也有對應的兩派，1949 後「奉蘇承運」建國，接受蘇聯的意識形態和世界革命立場，黨政領導們視全世界是革命對象，尤其以打倒美國和傳統的西方為其歷史性任務，在國內也要徹底改變舊制度和文化。可以稱為鬥爭派。習近平當政後，收縮改革開放時期的政策，以戰狼外交自許，引起對立尖銳化。本來友好的國家，也考慮要去風險化（de-risking）。

大陸有眾多重視經濟發展，提高人民生活的人物，80 後他們推動參加美國主導的世界經貿秩序，以發展經濟，也可稱為民生派。

兩國的戰略派和鬥爭派多半是在政界打滾的人物。在美國是會競選，會玩弄群眾政治的政治人 politicians。在大陸則是「黨委專業」的高官。他們是掌權者，主導國家的大政方針。民生

派多半學經濟,或在經貿領域任職。他們多半有較高的教育水準和全球視野,從事實際工作。在美國制度中,各方面都有權發聲,意見紛紛。在中國,由於黨控一切,顯得全國一致親蘇親俄而反美。社交網站上也是一片紅粉的聲音。但是在實際生活上,從科技到娛樂,民情喜歡的都是美國和西方的東西,鮮有俄國的身影。即使黨政高官安排財產和子女教育,都是面向西方,不是蘇聯或俄國。民生派顯然頗得民心。經濟派民生派希望找朋友,主張合作。戰略派鬥爭派是摩拳擦掌,為軍事制勝做準備。

3. 上述的基本面近年發生了變化。世界不斷進步,發展中國家的發展越來越快,國際間的權重形勢發生變化。一是俄羅斯軍事力量下滑,二是大陸的經濟下滑,使兩級對立有轉為多元多極的趨勢。美國乘勢推動加速這趨勢,以加大美國的優勢。

a. 俄羅斯侵略烏克蘭的不利,使俄國軍事強國的地位忽然下降。因為中國的軍備硬件和軍事經驗都是以蘇 / 俄為師,俄軍暴露其弱點勢必影響各方對大陸軍事實力的評估。更重要的是,印度參加印太安全體系,加強了美國在印太的軍事優勢。印度本來就是第三世界領袖,是擁有許多戰略優勢要素的大國。在「歐美—俄」的對抗中保持中立,但在「美—中」的對抗中卻積極站在美國一方。印度與日本形成對華左右夾擊的態勢,增強了美國的優勢。在美中強弱對比拉大的意義上,兩國緊張關係勢將逐漸趨緩。

b.80 年代後大陸經濟迅猛成長,主要是為先進國家打工所致。大陸獲得外來的資本、技術、高端部件,為外國企業打工,

然後將外國品牌的產品銷向全世界，主要仍是銷向富庶國家的市場。為支持外資企業的生產，大陸產生大量的上下游企業，政府也大力投資土地、建築、交通、通訊和管理部門加以配合，從而建立了相當完整的產業鏈和發展產業的文化。但是中國經濟「崛起」卻被美國視為威脅。美國祭起科技戰大旗，又發動關稅戰，禁運戰，脫鉤戰，將在華企業外移到其他國家，促成其他打工大國的崛起，以分化中國的產能，並建立美洲本區域的產業鏈，降低對中國產業鏈的依賴。印度乘勢崛起，特別引人注目。莫迪的起家就是「招商引資」。印度擁有打工大國的很多優勢，加速要趕上並取代中國成為最大產業大國。其他打工國也紛紛興起。中國產業大國的地位就相對下降。同時，大陸的領導不放心國內的民營經濟，給予重手打擊。國內企業一蹶不振，也有加速外移的趨勢（低端產業本來已經自然地逐漸外移）。中美仍是彼此不可分的經貿夥伴，但不再是兩極對立的競爭，這勢必將緩解兩國的緊張關係。

4. 以上兩個全球形勢的變化有利於中美緊張關係的緩解，但是海峽兩岸的危機卻更惡化。大陸不顧俄國在烏克蘭引起軍事與外交的困境，不斷加大其文攻武嚇，甚至傳出有武統時間表。海峽危機成為中美餘下最尖銳的衝突點，可能是爆發世界性熱戰的焦點。

台海問題的關鍵在大陸的武統思維。武統是古代帝王大一統思想的延續。中共從東北打到西南，打出一個天下，以「槍桿子出政權」自豪。建政後三十年連續發起鬥爭運動，繼續革命。理所當然認為對台灣自然是武統，武統後再加以改造，實

現大陸體制的黨治一統。80後大陸改與西方世界經貿合作，以恢復民生。對港台採取「優容利用」的政策。港台以其人才、知識、能力、以及與世界經濟來往的經驗，大力幫助了大陸的約四十年的迅速崛起。（蘇聯就是沒有他的港、台去手把手地幫助他經濟轉型和建設，至今經濟沒有起色。）港、台對大陸投入資本、人才和企業，還大力引進外資和擴大世界市場。近年大陸顧盼自雄，覺得對港台的利用不再需要，對外資、港台和民營企業也開始打擊。導致企業大舉外移和倒閉，職工崩塌式的失業，出口下降，經濟迅速下滑。最近領導層中不少人轉而強調堅持開放，對外不脫鉤，對內鼓勵民營經濟，並歡迎與美國民生派的會談。但卻沒有影響到鬥爭派放鬆對台灣的文攻武嚇。

大陸周邊國家為了防中和自保，都採取「國防靠美國」的國策。台灣位居亞太整體地緣戰略的中軸地位，以及在半導體產業鏈中掌握關鍵技術。導致遠近國家都紛紛挺身表示協助保台。美國為了全球戰略和經濟利益，以及保護友邦，不可能放棄台灣。其他國家基於俄、中一體，抗俄、抗中不可分，於是歐洲國家來到亞洲參加防中，日本韓國則進入歐洲參加抗俄。武統其實沒有勝算。如果引起野心國家乘機圍攻，將是民族大難。

台海危機的解決，主動權全在大陸。只要大陸明白宣示，停止一切文攻武嚇的動作，衷心追求和平統一，主動邀請台灣和談。台灣不可能拒絕。一旦開啟和談，顯示決心和平解決，東亞局勢立刻開朗，中美戰略對峙的形勢及時緩和。

和平解決海峽兩岸問題，應該將港、澳問題一併解決。兩岸四地可以共同商討大中華長治久安的體制。例如以聯邦制統一的可行性：各自保有其政治制度，不但保護台港澳，也保護大陸的黨治體制。而四方社會、經濟、文化統一為大中華一體：人人同意的一中。

結論：由於俄羅斯軍事強國地位下滑，印度經濟崛起，其他打工國興起，出現多元並立的世界格局，使得美俄對立和美中對立的兩極化格局丕變。多元並立有穩定性，有助於美中關係的緩和。但是台海危機觸發戰爭的危機如在眉睫。這需要大陸的領導層認識到和平統一才是最大的光榮，最大的勝利，最大的政治和經濟收穫。中華民族進入和平幸福的時代，中美關係也進入長期和平合作的時代。

美國和中國（大陸）都有戰鬥派和民生派。希望國際多元化的趨勢有助於民生派逐漸獲得兩國多數國民的認同。台海問題的解決，將是全球和平幸福不可缺的一環。希望葉倫的訪華，提醒人們注意中美友好對兩國和對全世界的重要性，也注意到解決台海問題是對兩國民生派的重要助力。（2023 年 8 月）

八、試談雷蒙多訪華的重要意義

美國商務部部長雷蒙多（Gina Raimondo）於 2023 年 8 月 27 日星期日晚乘機抵達北京。

雷蒙多的訪問，是繼葉倫的訪問進一步推進雙方的商務關係。為表示善意，她去中國前，美國將韓國、台灣對大陸半導體部件禁運的豁免期限延長，將 27 家中國實體從禁運清單剔除，並短期延長又將到期的鄧小平所簽《中美科技合作協定》。她行前與美國 150 多個企業交談。他們多數主張擴大溝通渠道。於是她的訪問得到工商界的支持。她行前一天，8 月 22 日，會見中國駐美大使謝鋒，雙方就中美經貿關係和她的訪問交換意見。

中國商務部新聞發言人表示歡迎她的訪問，將就關切的經貿問題向美方表明立場，同時期待與美方就化解經貿分歧、推進務實合作進行深入討論。雙方為這次訪問，都是有計劃有準備的。預示訪問將會有具體成績。

8/28，星期一，雷蒙多在北京與中國商務部長王文濤會談。兩人同意經常保持溝通：每年至少會談一次；同意建立副部長級和司局級官員的工作組，並邀請兩國企業界領袖參加，自 2024 起每年舉行兩次會議，磋商商務問題；同意設立雙邊訊息交流機制，討論出口管制問題和減少關於安全政策的誤解。第一次交流便在次日星期二舉行。

8/29，與國務院總理李強會談，說明拜登政府支持中國經濟發展，不尋求脫鉤。希望中國提供具體的、可預期的公平的

競爭環境。與國務院主管經濟和產業政策的副總理何立峰會談。與文化和旅遊部長胡和平會談；同意 2024 年舉辦中美旅遊高層對話。

8/29 晚上乘京滬高鐵去上海。在車上接受記者訪問。

8/30 與上海市長陳吉寧會談。雙方強調穩定的經貿關係符合中、美和全球利益。在浦東機場舉行記者招待會。離開中國。

關於雷蒙多的訪問，中美各方的反應都是正面的。8/31 中國商務部的記者招待會表示，兩國部長達成具體務實的成果。

綜合雷蒙多這次訪問的重大成果，是繼先前葉倫將貿易戰和科技戰區分，推動中美貿易雙軌進行。第一，她說明不討論有關國家安全的問題。第二，尋求一般經濟貿易來往正常化。她說，大部分經貿關係與國家安全無關，可以健康發展。中方顯然做過同樣的考慮，因此獲得共識：戰略對峙和民生合作雙軌進行；雙方恢復經濟和商貿對話，增加建設性，減少對抗性。以後將開始商務、金融、氣候變化等各方面的正常化談判。這種合作，得到雙方經貿企業界的支持，也得到美國盟國的支持。

雙軌關係是：戰略性經貿關係（科技戰）仍將脫鉤或彼此纏鬥；民生性質的經貿關係則將正常化，由民生領域實務部門各自操作。一如歐洲的設想，將「去中國化」轉為「去風險化」。拜登對華戰略方針的三點：「合作、競爭、對抗」，今後將區分為經貿「合作」和戰略「對抗」兩大端，競爭是兩者都同時進行的。

雷蒙多的訪問清楚表明：美、中都有戰鬥派和民生派，民

生派表明不能干預戰鬥派的戰略部署，但是願意在廣大的民生經貿領域合作。

雷蒙多曾回憶：父親曾經在寶路華（Bulova）手錶廠工作28年；工廠遷往中國後，便失業了。她說，在過去40年間，有數百萬美國人遭遇到相同的情況。她親身的經歷可能使她了解，現在美國和盟國把在中國的投資外移，並禁止若干貿易，中國因此失業的人數不止幾千萬人。雙方有同樣的痛苦經驗，應該彼此了解，不應當是彼此加碼打擊對方，而是以建立和平、正常的經貿關係，擴大工作機會，為兩國家庭的幸福著想。

民生派重視絕大多數國民的生計，生活和事業，快樂與幸福。兩國間絕大多數的經貿來往與國家安全問題無關，不涉及戰略戰鬥派的顧慮。

兩國戰略性的纏鬥仍然如火如荼地進行。拜登繼禁止對華輸出高科技產品和部件後，簽署命令，禁止美國在關鍵科技領域對大陸投資。與日、韓領袖舉行大衛營會談；與菲律賓提升軍事合作。9/10訪問越南，將已有十年的「全面合作夥伴關係」升級為「全面戰略夥伴關係」，可稱是最接近中國領土的戰略部署。越南與中國曾經有軍事衝突，需要美國保鏢，當然歡迎拜登。在兩大之間保持平衡，能得到最大的迴旋空間，利益最大化。但越南不能惹怒中國，因此同時歡迎中共對外聯絡部部長劉建超訪越，強調兩黨政治互信，並強調兩國已經有「全面戰略合作夥伴關係」。

中國國安部評論雷蒙多的訪問說：美國仍舊是要遏制中國。中國要求減少對中國的高科技出口禁令制，取消301調查，

和取消對華某些敏感高科技投資的禁令。中國同時禁用美光 Micron、蘋果 Apple 等高科技公司產品，發佈《反間諜法》，調查美國在華公司。針鋒相對。

中共立國後便追隨蘇聯，歸屬於第二世界。外以西方第一世界為敵，內則黨控經濟，重視重工業和軍工業，忽視民生經濟和民生。改革開放後，大陸加入西方的國際經貿體系，政治和經濟兩條腿走路。但近年的幾種不利經濟的政策使得對外經貿出現與西方脫鉤的危機，經濟嚴重下滑，企業倒閉，職工失業，使得實務部門主張在民生方面維護對外經貿交流，最高領導沒有反對。於是在與雷蒙多的會談中，形成美中交集的雙軌經貿政策。

中共在俄烏戰中附從俄國，與美歐西方的關係更陷低潮。但是中國與西方有千絲萬縷的經貿關係，利益互補。因此雙方將民生貿易和國防安全考量一分為二：戰略性的國防高科技經貿壁壘依舊，同時解除貿易戰，西方將中國納入為貿易夥伴而不是敵人，則中國將是一半敵人，一半朋友，使俄羅斯少了半個朋友。中國也將維持過去 40 年與西方建立的半個朋友關係。今後中美敵、友關係的變化，將視兩國在全球情況中各自的角色變化而定。

其中，國際經貿形勢發生了巨大變化，是促成中美利益交集而採取雙軌政策的重要因素：大陸最大打工國的地位下降，也就失去與美國全方位競爭的潛力。其他打工大國崛起，美國將不再把大陸視為最大的競爭者，反而可能思考要維持一定的經貿關係，以牽制新崛起的全方位競爭者印度。印度崛起的勢

頭異常迅猛。印度從英國殖民帝國學到國際縱橫捭闔的本事，已經在第三世界和英、美各國國內建立了巨大的影響力。將來可能與美國爭全球霸主的地位。

美國事先顯然與盟邦有協商，獲得共識。因此盟國的官員紛紛訪問中國，包括加拿大環境和氣候變化部部長吉爾伯、英國外交大臣柯維立，義大利副總理兼外長塔亞尼，澳大利亞前貿易部長埃默森。澳洲與中國的關係原來很好，後來變得很壞，轉而加深與美國的軍事結盟。現在也試圖建立雙軌貿易關係。

義大利外長 9 月 4 日訪大陸，一方面是安排退出有戰略意義的一帶一路關係：好分好散。一方面正是尋求維繫民生的經貿正常關係；義大利總理、總統都將在近期訪中。

G7 集團和五目聯盟各國全都有高級官員訪問了大陸。

當前，中美之間的衝突，除了大國競爭的因素之外，具體涉及的問題有 4：俄烏戰、印度佔領藏南的爭議、南海糾紛三者，都不是大陸一方可以解決的，但第 4 點的台灣海峽問題，則是大陸一念之間，改弦更張，就能順利而迅速解決：將對台灣的武統政策，改為真正的和平統一政策。對大陸毫無損失，有利無弊，而且會早日統一。大陸需要付出的代價只是：不再以耀武揚威自豪，也不求將台灣納入黨國專制的體制。和平統一勢必允許台灣保有若干現行制度，包括政治的民主制度和法治，社會經濟的自由平等，等等。一旦宣佈和統是唯一統一途徑，等於也表明不以武力解決國際問題，並切實贊同多元制度並存。從此意識形態不再主導國策，台海通道安全，東南亞國家安全；台海雙方都維持與全世界友好的外交、經濟、貿易關係，台灣

便不再是全球戰略對抗的焦點。大陸的國際關係，包括中美關係，將立刻緩和。美、陸戰略派的安全顧慮降低，各種有戰略意義的對抗會漸漸放鬆，傾注於國家安全方面的資源將轉用於民生方面。民生經貿的比例將提高。

台灣擁有世界先進的半導體產業，是各國要保台的核心因素之一。大陸則很想以武統獲得，一舉搶佔新興科技產業制高點。但武統會摧毀兩岸寶貴的經濟和科技建設，殺傷兩岸同胞，包括不可彌補的人才，是全民族的損失。如果引起國際戰爭，更是民族罪人。萬一台灣不保，國際上已經有人說，寧可炸毀台積電和其他科技公司，也不讓大陸獲得。結果是兩岸兩敗俱傷，大陸仍一無所得。

現在各方期待，中美間將有哪些後續交流？例如：1. 美國貿易代表戴琪會不會接著訪華？她負責推行貿易政策，本來是主持戰略性貿易戰的，今後也應該執行民生貿易這一軌的貿易。貿易代表署（USTR）已於 9/6 日宣佈，將對 352 項中國商品和 77 項新冠病毒相關產品的「301 條款」關稅豁免期，延長至今年 12 月 31 日。2. 中國實務部門的部長級官員是否將訪美？兩國其他有關部門是否將隨之建立經常性部長級副部長級和專家級定期會議？建立實務的工作組？ 3. 兩國是否鼓勵經貿企業界人士交互訪問？ 4. 中國的一帶一路項目引起巨大的戰略對抗，今後是否建立溝通渠道，就對第三世界國家的投資謀求合作？例如，中國是否參加巴黎俱樂部 Paris Club ？ 5. 中美教育交流本來很好，是兩國溝通和建立友誼的橋樑，基本上應該與國家安全無關。留學生政策是否將回歸正常化？美國的教育屬於州

的權力和民辦，將來是否有各級公、私立學校校長和教授互訪？

結論：雷蒙多繼葉倫的訪華，推動兩國務實的民生經貿關係，獲得具體而重要的成果。美國對中國的經貿政策，原來一直是戰略派包辦主導。民生派將民生經濟和戰略對抗分流，雷蒙多和葉倫都說，是得到拜登授權的。所以是美國現政府的政策。

共和黨對雷蒙多訪華成果接受的程度如何？是否兩黨將形成共識？未來中美經貿關係是否不受兩黨交替的影響，保持穩定？有待觀察。

中國大陸贊同發展雙軌經貿關係。各部門都熱誠接待美國訪客，沒有針鋒相對的場面。顯然習近平是首肯的。他也說要保持開放，全球化是正途。所以也是中國現政府的政策。

民生與戰略兼顧，這個格局可以持久。而且如果戰略對峙有突破性的緩和，可以順利向民生派的經貿政策回歸。那將是中、美和全世界的期望。（2023年9月）

叁 大中華

一、香港的貢獻和港陸關係

1. 香港人最愛國，歷史上香港對中國的貢獻，數不勝數。抗戰期間是中國對外的人員和物資重要轉運站。但是毫無疑問，香港對中國最大的貢獻是引領 1979 年後的改革開放，使中國成長到今天的經濟規模。可以說，如果沒有香港，就不會有今天中國的成就。蘇聯也有改革開放，也曾積極想向西方學習，就是因為沒有一個香港而失敗。

79 後中國改革開放的成功，因素很多，一般是歸功於鄧小平的政策和支持。在中國的制度下，沒有中央的領導，絕不可能成功。鄧小平的智慧就是看準了香港是中國最好的導師，能夠手把手地引領中國完成改革開放大業。中央看準了開放發展必須從最靠近香港的地方開始，批准設立與香港僅一條細水之隔的深圳特區，以香港為師。香港之所以能夠完成這一師傅重任，不負各方期望，是因為擁有以下 5 個特長：

(1). 人際關係：香港人就是廣東人，他們是親戚、同鄉、同學、同事、同胞手足。1949 年後，大陸別處的人也跑到香港，他們與大陸也是親戚、同鄉、同學、同胞。這種一家親關係，

使得雙方能夠互相信任，坦誠合作。香港人毫無保留地，不懷機心地投入大陸的發展。大陸對香港人也是完全信任，完全接受，不擔心受騙或有陰謀。香港人基於愛國心，敢於冒險進入大陸從事各種經營。大陸方面敢於接受香港而嘗試，也是因為對香港同胞放心。大陸第一個「中外合資」（當時香港屬於英國）的北京航空食品公司，就是香港美心集團的伍沾德心懷熱誠並得到大陸方面的信任而成立。公司的注冊號是外國投資管理委員會批的「外資審字（1980）第一號」。正是這種關係，香港成為中國改革開放的師傅，港陸合力創造長期雙贏。

(2). 資金：香港帶領大陸的經濟發展，一般最看重的是引進巨額資金。中國從極端貧困到今天，靠的是外資外企湧入。直到今天，中國經濟仍然是外資佔舉足輕重的地位。而所謂外資，絕大部分是香港投資，以及後來東南亞華僑和台灣人的投資，其中有的是經過香港。非華人的外國投資佔很小的比例，其中也有很多是經過香港。香港是不可或缺的中介站。香港一直是重要的國際金融中心，其世界性服務的最重要受惠者是中國大陸。如果沒有香港而吸引外資，大陸的成就不可能達到今天的程度。

(3). 引進適當技術：這一點非常重要而為一般人所忽視。聯合國和經濟學家早就強調，一個國家引進技術，必須是「適當技術」，就是適合當地人的教育和技術水平，使他們很快能夠學習、掌握、使用。香港人自己就是大陸人，非常了解大陸的勞動力資源，因此引進適合中國接受、使用和吸收的技術。中國是從低端產品開始，逐漸成長為世界製造中心。過去發達

國家也曾經向發展中國家輸出技術，開設工廠，卻因為引進的是超過當地人的接受能力，無法學習使用，結果多半是失敗多於成功。中國因為有香港引領，沒有發生這類問題。中國甚至滋生了仿造外國產品的能力，山寨版產品滲透國內外市場。香港引進適當技術的功勞，怎麼強調都不為過。

(4). 同樣重要的是：香港向大陸引進了管理技術，即企業家能力和企業家精神。這是經濟發展的四大要素之一，不可或缺。近代中國從農業經濟轉型為工商業經濟，民國時期雖有長足的發展，但是國難多艱，基礎薄弱，經過 1950 年後 30 年的摧殘，大陸的經濟能力幾乎喪失殆盡。但是香港得以避免捲入那個災難，並且接納了 1950 後轉移去的企業家，促成香港經濟的迅速發展，成為亞洲四小龍之一。香港本來是貿易港，港人善於貿易經營，後來發展小工業，擁有為國外企業生產小產品和部件的豐富經驗。這些都是大陸開放時所急缺的寶貴能力。香港人手把手教了深圳人，東莞人，廣東人，進而大陸各地的人。於是中國產生了一大批企業人才，特別是眼光外向的民間企業人才。

(5). 香港有引進外國公司和拓展海外市場的特殊能力：發展中國家想要發展經濟，最大的困難是找到適當的外來投資者，在當地順利生產後，產品能夠順利進入外國市場。香港對中國的重大貢獻便是：香港與國外經貿關係特別廣，因此引領外資企業到中國，其生產的產品順利外銷，幾乎每個外資企業都賺錢。於是投資越來越多，生產旺，產品行銷全世界。中國成為世界的製造大國。

在香港引領中國經濟走出困境，走向世界的過程中，形成一個基本模式，就是為外國公司打工。中國的教育水平低、科技水平和研發能力不足，現代生產的經驗不足，只能引進外國公司的設計和生產線，在生產鏈中做低端打工，中國在這個模式中成長為世界上最大的打工國。這個模式也適合不少其他發展中國家，如印尼、越南、孟加拉國等都學。有人就叫它「中國模式」。

香港決定了中、蘇發展的差別。蘇聯也有改革 Perestroika，有開放 glasnost，也想走與西方接軌的經濟轉型，特請美國名學者（Jeffrey Sachs）提出一套完整設計（shock policy，用於蘇聯稱 shock therapy），結果卻沒有成功。蘇聯／俄國資源豐富，教育水平高，科技人才濟濟，並且有很多俄僑在歐美國家內很有勢力，他們對歐、美文化、經濟都非常熟悉，但是就缺一個香港這樣的基地，發揮上述五大特點去綜合利用，結果便不成功。不但中國依靠香港，世界各國也通過香港與大陸經貿合作。香港是眾多的外國公司和中國公司開設辦事處的中心城市，是他們共用的雙向橋頭堡。從蘇聯／俄國的失敗來看，香港對中國改革開放的功勞，無論怎麼強調都不為過。

香港是中國的一塊寶，香港人是中國人中最愛國，最肯為中國而奮鬥的同胞。但是，近年來香港人和大陸多次發生對立。關鍵在雙方對「一國兩制」的解釋和期望不同。如處理不當，港、陸將兩敗俱傷，也將為大中華帶來災難。

2.「一個國家，兩種制度」一詞，據說是 1982 年鄧小平針對台灣提出的。台灣當然不接受，沒有下文。正式的、被公認

的一國兩制，是指香港 1997 年回歸後的制度。

(1). 香港的一國兩制不是中國人的發明，是英國人的發明：把英帝國的制度保留在香港，中國承諾保持 50 年不變，以《中英聯合聲明》（1984 年 12 月 19 日《中華人民共和國政府和大不列顛及北愛爾蘭聯合王國政府關於香港問題的聯合聲明》Joint Declaration of the Government of the United Kingdom of Great Britain and Northern Ireland and the Government of the People's Republic of China on the Question of Hong Kong，簡稱 Sino-British Joint Declaration）正式約定，由中國國務院總理趙紫陽與英國首相撒切爾夫人在北京簽訂。兩國政府互相交換批准書後，向聯合國秘書處登記，正式生效，是正式國際文書。1997 年香港回歸，一國兩制制度列入《香港特區基本法》第五條，成為大陸國內法正式規定的制度。

在大英帝國內，臣民分為兩種：大不列顛本國的子民是一等臣民，其他被征服土地上的帝國子民雖分為幾級，統統是二等國民。英國可以干預帝國領土事務，帝國領土不能干預英國本土事務。在大英帝國之內，如加拿大在二次大戰前已經上升為自治邦，有民選的國會，自己的政府，英王派的總督只是名義上代表英王的主權像徵，那是大英帝國中最高級的領地。香港則是殖民地，是最低級的領地，有自由但沒有民主，一切聽命於英國指派的總督。

從英王屬下轉到中國主權屬下，由於香港當地的社會、經濟、乃至政治上的法治比中國大陸先進，中國當時向英國保證，在香港不實行「中國的社會主義制度」而維持「香港的資本主

義制度」，並保留五十年不變。所謂香港的資本主義主要指社會和經濟上的自由；政治上則有法治和司法獨立。當時中國在經濟上已經實行資本主義（稱市場經濟），所以與香港是兼容的，合作無間。所謂中國的社會主義，實質內容僅有一條，即共產黨專政。港陸衝突便在這一點上。

(2). 中國收回香港的時候，大陸沒有與香港同胞對話，而是與大英帝國談判，把香港從大英帝國的殖民地，納入中國稱特區，並保證香港制度五十年不變，使香港人不會不適應突然轉到一制。於是一國之內有了兩制。

中國設立特區的想法，顯然一方面是讓香港回歸順利，草木不驚；一方面是隔離大陸人，以免大陸人要求同等待遇。中國向大英帝國讓步，沒有向香港人讓步。第一是不失面子，沒有俯從香港人的要求。第二是對英國的讓步是一次性的，英國退出後，不會再有其他要求和談判。如果大陸是對港民讓步，此例一開，港人以至大陸人說不定會提出新的要求。但是這也就隱藏了問題：大陸不容忍香港人提出要求。

3. 中英雙方的內心期待，以及香港人的期待，顯然不同。英方以為，五十年後中國會有走向民主自由制度的相當進展，香港人便可以接受已經接近香港的「一制」。大陸自信，香港人經過五十年的大陸薰陶，會慢慢習慣了共產黨統治的「一制」，特別是年輕人從小就在大陸的大環境中長大，可以接受大陸的一制。然而，隨後的發展顯示：兩個「一制」沒有趨同。

隨著時代進步，香港人不肯停滯在 1997 年設定的殖民地狀況上；而中國共產黨也漸漸把香港往大陸的統治方式轉變。雙

方差距越來越大。一國兩制的制度，雙方都自稱遵守，實際上都不願意遵守。

　　香港 800 萬人口中，大多數是 1950 年後移去的大陸人的家庭。由於經商、辦廠、民間交流、官方交涉、旅遊等等，他們對大陸實況非常了解。對於五十年後被納入大陸的「一制」，本來就不免非常擔心。「送中法」特別使香港人驚恐。「送中」的意義是：大陸對香港的司法處理不滿意的時候，就將人引渡到大陸去處理。今後香港人一言一行一不小心，隨時有被送中的危險。香港一隅的法治保障，即將喪失。特別是年輕人不但對三十年後的命運擔心，還感覺這三十年也難過。有辦法的人可以外移。過去每次有風吹草動，香港就發生一波移民潮。如 1984 年中英聲明後，1989 年和 1997 回歸後，都有移民潮出現。可見香港人的恐懼。但是絕大多數香港人沒有能力移民，香港是他們唯一的家鄉。於是送中事件是最後一根稻草，突破了特別是年輕人的忍受極限。年輕人大受震撼，不約而同，自發地、無組織地上街抗爭。

　　3. 香港政府對群眾大示威難以對付，因為沒有處理的權力，必須等候在大陸的上級指示。大陸至今（8/25）仍在猶豫，似乎不願授權特區政府自行處理，避免提高香港的自治；也不願接納民眾要求，避免開啟民眾提出要求的先例。僵持的形勢危機四伏。

　　解決問題的權力在大陸。大陸官方首先必須認識：香港人是非常愛國的。所謂港獨，最多只有極少數的人在說；他們的影響有限。大陸對香港人必須寬厚，容忍，以愛心對待，而不

是懷疑、污蔑，擺出準備嚴厲制裁的姿態。切不可高調宣傳港獨，好像港人都有港獨傾向，從而誤導大陸公眾，產生對香港的敵意，大張撻伐，使港人覺得不公平，被蔑視，被扣加罪名。近代以來，每當中國有事的時候，香港人表現的愛國心，可歌可泣。大陸不可以把香港人的愛國心，一棍子打倒。

指責香港人受外力煽動而「不愛國」，更是最不負責任的污衊。即使在英屬時期，港人都自視為中國人。今天大陸幾乎控制了整個香港的報刊新聞和信息，宣傳無孔不入，大陸的各種駐港機構和人員遍及社會各個角落，香港人在大陸有不可分的經濟一體關係，利害與共。他們不可能會聽信外國的煽動。香港是言論自由和出入自由的國際港，外國人很多。港人與外人交流是平常事。示威發生後，自然顯出雜音。大陸對此理應明辨，不可以用外國煽動這種話引起大陸人對香港人的仇視和敵對，撕裂同胞感情。

香港人受到中央打壓的時候，自然要向外呼籲，要求主持公道。就像家暴的受害者會向社會呼籲求援一樣。他們不是不愛家，不愛家鄉，或不愛國。大陸官方的心理認為：向外申述就是叛逆；服從中央才是愛國。但應該認識：香港是一個開放的國際都市，港人習慣於對外交通，是他們的優點。中央理應理智分辨，不可以一概抹黑香港同胞。大陸應當是爭取民心，慰撫有加，化解民眾的擔憂，而不是考慮怎樣嚴懲。如果宣傳誤導的結果是動武（大陸已經有人被自己的宣傳所誤，主張動武），後果將不堪設想。

香港學生和年輕人的要求，只是尊重自治和司法保障。是

出於自衛心理，並不是對港府挑戰，更不是對中央挑戰。《基本法》第二十七條規定，港人有示威的權利。示威是正常、合法的民意表現。大陸《憲法》第三十五條也規定人民有示威權利，但是眾所周知，大陸的《憲法》是不實行的。這是香港和大陸的不同，正是香港人的擔憂所在。香港人有權享有《基本法》第 27 至 34 條列舉的公民權利，有的權利是大陸《憲法》中也有的，有的則是香港因其自由港的地位所特有而《憲法》中沒有。

大陸如尊重香港的權利，延伸的意義是將來會尊重台灣的權利，再延伸的意義是中國會尊重東南亞和所有周邊國家和人民的獨立與自主的權利。其結果是贏得信任和友誼，和彼此的安全。對港、台表現愛心、容忍和寬容，必得到加倍的回報。

香港反送中問題的解決，必須是特區政府與學生和社會各方理性談判，和平解決。特首應該有權，就香港實際情況與各方公開討論，獲得最佳的處理；不必聽命於北京。北京應授權特首和立法會與市民廣泛談判，緩解學生和市民們的恐懼心理，做出合情合理的決定，越早越好。中央不明確做出包容的決定，諱莫如深，必然引起各方的疑懼。暗示要使用威權或武力，不能解決問題，反而加深裂痕。還應該進行公正客觀的真相調查，消解謠傳所引起的港、陸間誤解，避免將來發生同樣的問題，確保未來親愛合作無間，關係和睦。

4.萬一大陸走極端，必將喪失香港民心，不論青年人，成年人，老年人，都將更反對大陸的統治方式，滋生港獨情緒。大陸以後將難以平靜地統治香港，香港也不能發揮其難以替代

的作用。

首先，香港的企業和資金必將大量外移，人才隨之外移。大陸的外資、外企和人才也將外移，而大陸的在港資金和企業以及人才也將隨之大量外移。大陸的官、富家族早已經開始把財富和家人外移，他們自己留在大陸做官賺錢，到退休才走。一旦香港被扼殺而導致大陸經濟衰退，在大陸賺錢的機會消失，有辦法的人會覺得早走為上，提早外遷。中國的經濟情況將不堪設想。打擊香港，勢必產生巨大的負面影響。

台灣冷眼旁觀，將非常膽寒。台灣人將更不可能信任大陸，無人會同意所謂一國兩制；也更不相信所謂和平統一的口號，並將竭力尋求外援以抵抗武統。眼前就極可能推高台獨氣勢，促成以高舉拒中大旗的一方在 2020 選舉中獲勝。過去大陸每次在台灣選舉前施壓，台獨勢力就大漲。對香港施壓，勢必導致台灣內部的向心力轉化為離心力。

東南亞國家的眼睛一向是盯著香港和台灣。香港有事，東南亞震驚於大陸高壓控制的政治文化，勢必視中國為潛在的敵人而不是可信賴的朋友，敬而遠之。他們都將學越南：嚴防中國。南海如發生任何爭議，東南亞國家必然團結一致，並得到區域外國家的支持，中國將面臨軍事、外交四面受敵的壓力。南海島嶼和海域恐將難保平靜。

世界上的其他國家也將同樣震驚。他們將不願或不敢與中國為友。並且在任何國際爭端中，幫助與中國對立的弱小一方。在經貿關係上，各國既對中國心存戒心，又鑒於中國的內外樹敵，懷疑中國的經濟前景，因此避免與中國有太密切經貿關係。

長此以往，中國的經濟將陷入困境。他們同情香港，將收留香港難民，港獨真的出現。美國將振振有詞在各個戰場對中國進行無情的打擊而獲得國際支持，大陸將面臨惡劣的國際形勢。

5. 如何明智地建立良性港陸關係

(1). 深層思考，反送中運動不是孤立的事件。問題的關鍵在一國兩制本質是過渡性的，設計的時限是 50 年，50 年以後呢？香港和大陸雙方對未來前景的想法不同。雙方互不信任，都緊張，不安，疑懼。關係越來越壞。香港人怕被大陸專政統治，大陸當局怕人心羨慕香港。

《香港基本法》雖稱為基本法，但是人陸常常想改動，香港必然反抗。例如 2003 年，人大要求加強《基本法》第 23 條（關於顛覆政權等罪行的規定），民眾大舉抗議，結果港府撤回該法，特首董建華去職。2014 年，人大決定取消《基本法》第 45 條和第 68 條賦予香港人最終普選特首和立法會議員的權利。引起雨傘運動，結果人大撤回修改，特首梁振英去職。香港方面，特別是年輕人，對於《基本法》維持「有自由沒有民主」的殖民地制度，日久自然不滿，大陸對這一點便非常敏感，深恐會影響大陸民心。

大陸的基本法《憲法》原是規定不允許資本主義的。《憲法》第一條：「社會主義制度是中華人民共和國的根本制度。禁止任何組織或者個人破壞社會主義制度。」改革開放後，大陸已經實行資本主義，但號稱是「市場經濟」，便不算違憲。香港回歸不諱言維持資本主義制度，卻是公然違憲。大陸為什麼沒有修改《憲法》，使一國兩制（含資本主義）合法，不得

而知。有可能是大陸必須堅持獨尊社會主義，共產黨專政才有合理性。另一可能是大陸有心盡早把一國兩制化為一國一制，憲法不必改來改去。但香港人不可能願意從開放、自由、享有多種權利的制度退回到接受大陸的一黨專政統治。於是衝突難免。

大陸有催動一制的心思，但不能公開宣布，以免震動香港，立刻爆發危機。而且正在以一國兩制的口號號召台灣統一，宣傳口徑仍美化一國兩制，但不提兩制後的將來怎麼辦。

香港的反送中民眾運動，暴露了一國兩制的過渡性弱點，有內在不穩定性的本質。雙方同床異夢，不是長治久安的制度。

什麼才是將來國家長治久安的制度，國民之間相互友愛，互相尊重，人人身心愉快，安居樂業？這是當前最重要的課題。因此，有必要設想一種有永久意義的良好國體，不會發生制度性的必然衝突。

(2). 最可能的制度是一種聯邦制，一勞永逸地完成一個包容而統一的未來型國家體制。

聯邦制可以說是世界上的新興國體，是繼民族國家之後的多元化國家體制。現在世界上有 27 個國家是聯邦制，佔世界人口一半。國家有大有小，各式各樣，聯邦制並沒有一定的定義和模式。每個國家都自我創新，設想最適合自己的制度。民主制不能抄襲，聯邦制更無從抄襲。過去在華人學者間已經有人提出過聯邦制的概念，現在面臨一國兩制危機的燃眉之急，國人應審時度勢，集思廣益，高瞻遠矚，從香港開始著手，設計

並實驗適合中國的聯邦制度。

從周恩來到鄧小平，都主張將香港「保持現狀，充分利用」。基本就是暫時利用的想法。有人認為香港已經利用完了，可以抹消了。那種想法是大錯特錯。

第一，香港有很多特點和長處，大陸應繼續以香港為師，有序地繼續進行尚未完成的改革開放。香港富有特殊的長處和實力。大陸公私機構、企業、團體、個人，紛紛向香港學習。黨政機構、公司企業派駐到香港的辦事機構和人員，不知道有多少。香港是他們學習與外界來往的重要橋頭堡。

在經濟領域之外，香港有法治、以民為本、官民守法、清廉、開放、公民平等、教育獨立、司法獨立、閱讀自由、言論自由、進出境自由、企業自由、專業精神、創業精神、胸懷世界的心態等等優點，還有豐富的國際經驗，國際人脈，有自由港的地位和方便，是大陸突然建起的表面輝煌的城市所無法比擬的。大陸有很多人曾到香港旅遊，他們對香港都心存好感。現在只有 49 個城市的個人被允許可以去香港自由行，將來擴大開放，旅遊的人更多。香港仍是值得大陸人學習的好地方。

第二，大陸對香港不能只從利用的角度對待。以利用的態度對待香港，必然也是以利用的角度對待其他國民，這樣的心態是非常危險的：將使人心惶惶，人人自危：什麼時候自己也會失去被利用的價值？哪裡還有安定團結的國家？

香港面積人口 GDP 都比新加坡大，擁有全世界獨一無二的特質，有資格成為一個中華聯邦中的明珠成員，未來對大陸的

貢獻將不遜於過去。

採取聯邦制，可以根本解決不同制度並存的問題。在聯邦大家庭裡，各邦各有其治理制度，長期高度自治；各邦間互不干涉；各邦都不想改變其他的邦，同時也不擔心被改變，但相互親愛合作無間，發揮多元的優勢。大邦小邦一律平等，大邦不依其大而以大欺小，小邦也不恃其小而要挾大邦。聯邦內的同胞不是萁豆相煎，而是優勢互補。香港年輕人不再擔心未來，大陸的領導們也不必擔心香港的影響。這個聯邦制的設計，必須是將來能夠容納大中華的全體。

時間相當緊迫，必須在 30 年內完成這個劃時代的體制建設。否則香港不會平靜，台灣不可能統一，四境鄰邦也不會安心，自然引進外力干涉。

中華民族有幾千年的政治智慧，應該有氣概和自信：一定能夠設計相當完美的聯邦制度。

結論：一國兩制的過渡性有其根本的不穩定性。香港年輕人身處其境，好像在地震帶上，切身感受，發出他們的聲音；海內外中華人理應深思。中國近代許多重大事件的轉折，是學生開的端。學生淳樸而有理想，沒有私心。他們的直觀和直覺不可小視。歷史教訓彰彰在目。唐德剛教授曾說：「天下無不是的學運！」慎哉。（2019/8）

二、中國有幾個一國兩制？

一國兩制現在是最響亮的政治口號之一。正式的是指香港的一國兩制，有正式的文件說明其內容。大陸高度宣傳要將台灣納入「一國兩制」，詳細內容尚不詳。但是，從歷史到現實，民國以來至少曾出現六種一國兩制。分別簡介於下。

一國兩制之名，不見於台灣或大陸的《憲法》。所以其基本意義就是在國家憲政體制之外試圖建立一個高度自治的局面，與中央的關係則各有不同。

1. 民國後曾經有軍閥混戰的一個時期，但是那些軍閥都維持民國的體制，沒有建立自己獨立的行政系統和政治制度，沒有嚴控邊境進出，沒有與全國其他地方隔離猶如兩國。當時全國經濟、社會、交通、教育、文化上仍是統一的國家，人民也不覺得有國家已經分割的感覺。從共產黨在江西邊區割據開始，才形成了「一國兩制」的格局。當時沒有使用這個名詞，但井岡山政權有與當時國府完全不同的理念，效忠對象，對內改造人民思想，並按照蘇聯模式進行政治鬥爭。到 1931 年 11 月 7 日毛澤東趁日本製造九一八事變佔領東北，和長江大水災，國府內憂外患，焦頭爛額的機會，就獨立建國，國號中華蘇維埃共和國，明顯歸屬於蘇聯體系，與民國分道揚鑣。那是在國家之內另建國家，「國內有國」，從一國兩制進入兩國制。

抗戰開始，蘇維埃國自動取消，回歸之前的「一國兩制」，在八年抗戰期間，共產黨在所佔領的「邊區」有自己的全套行政、軍事，財政、經濟、教育、思想等等的獨立制度。嚴格禁

止與所謂「國統區」的交通來往。Z恢復一國兩制。抗戰勝利後，共產黨憑藉蘇聯在東北提供的軍事援助，到 1949 年完成從東北打到西南的勝利，便再度割地獨立建國，國號中華人民共和國。新國的性質不是中華民國的繼承者，而是共產黨獨立出去（共獨），歸屬於蘇聯陣營的新國。於是中華大地再度變成兩個國家。直到今天，仍是隔台灣海峽對立。

中國共產黨在理論上自己設定是中外兩個模式的綜合：一是中國古代的叛變或起義，割地稱雄，勢力豐滿後便稱帝建國的模式。毛澤東把正史中稱為叛亂的勢力定義為起義，把自己與他們同列，就是採取了這個中國歷史上的一種興亡模式。二是蘇聯二十世紀世界革命，先在各國建立共產黨，然後直接間接以武力擴大控制，最後完成建國。兩個模式都是在建國之前有一國兩制的過渡階段。

中共的一國兩制，一度得到美國的非正式承認。從 1945 底到 1947 年初，美國政府派馬歇爾來調停國共之間的爭執。原意是要調停國共之爭，建立聯合政府，但是由於共產黨不放棄對所控制地盤的獨立存在，共區不允許中央政府干預；談判軍隊的整編也仍然要獨立指揮；同時要在聯合政府中參與全國的事務，實際上是要擁有否決權：沒有共產黨的同意，政府什麼都不能做。國民政府不能接受共產黨的一國兩制，共產黨也不是真心要參加一個聯合政府。蘇聯從一開始派特工到中國建立第三國際中國支部（後來的共產黨）開始，就對中國有長遠設計。中共自己的目標也是「槍桿子出政權」的全國性勝利。周恩來對馬歇爾虛與委蛇，拖延時間。在馬歇爾調停期間，國、共雙

方軍事衝突不斷。馬歇爾對國府能夠施加壓力，對共產黨卻無法施加壓力，因此對共產黨的「一國兩制」是實際上暫時容忍接受。

2. 共產黨建政後，實行另一套「一國兩制」。在國家制度之上，建立一套完整的從上到下覆蓋政治、軍事、經濟、社會、教育各方面的黨治「體制」，凌駕於國家體制之上。黨治凌駕於政府的治，控制和指導政府。黨的總書記兼任國家主席，還兼任黨軍的軍委主席。黨軍屬於黨，政府的軍委會只是掛一塊牌子。在大陸，凡是稱領導、稱中央、稱體制，都是指共產黨的制，而不是指政府的制。共產黨是公認的國家領導。政府對外代表國家，但行政機構從國務院以下大小官員全是共產黨的組織部所派，在黨的領導下，執行實務工作。黨、政兩套系統合稱黨政領導。這黨、政的「一國兩制」，通稱黨國。大陸有完整的《憲法》，是國家的大法，其中完全沒有黨治的一套黨職系統，也沒有兩制這個名詞。因此黨制是憲法以外的制。《憲法》是共產黨為國家所制訂，但共產黨並不服從那個憲法。黨另有黨章。黨章是一個政黨章程，不像憲法那樣規定了黨和人民的權利與義務關係或黨與人民的行為標準，不能作為實行法治的基礎。共產黨的統治是黨的「人治」：黨委書記的人治高於政府的法治。這是明顯的黨、政「一國兩制」，但仍沒有正式使用這個名詞。

3. 最早提出「一個國家，兩種制度」一詞，據說是 1982 年鄧小平間接對蔣經國提出的，意思是讓台灣保留一切制度和人事不變，到當時的高官們死去為止。大概是指民國政府歸順，

但維持蔣政府不變，等高官死後，台灣才由大陸全面接管。台灣方面不予回應，那個一國兩制的倡議沒有浮出層面就消失了。現在時過境遷，香港正式的一國兩制出台。大陸對台統戰口號中的一國兩制，不是鄧版，是香港版。

4. 大陸 80 年代改革開放，政治上維持蘇聯式的共產黨專政制度，稱「社會主義」，經貿則採取西方的資本主義制度，稱「市場經濟」。合稱「社會主義市場經濟」。用西方名詞的說法，那是「黨壟斷式資本主義」。大陸的《憲法》第一條明文規定，「禁止任何組織或者個人破壞社會主義制度。」但實際上大陸採行了社會主義與憲法以外的資本主義並存的一國兩制。在共產黨掌控下，允許來華外資和本國人組建企業，按照國際通行的市場規則運營，經貿關係與世界掛鉤：生產鏈和供應鏈都融入西方主導的世界經貿體系。大陸設立了兩個股票市場，允許資本投資，完成資本主義制度。共產黨的企業稱為「國企」，是佔全國經濟主要地位的大公司。黨憑藉政治力量，對民企隨時可以干預和控制。擁有國企的高層黨家族和民企中的持股黨家族，都成為真正的資本家。所以中國大陸是「姓社」和「姓資」並存的「一國兩制」。

5. 正式的一國兩制，是 1997 年後香港的一國兩制。這卻是英國的貢獻。大英帝國在二戰後無法維持，殖民地紛紛獨立建國。香港也守不住。英國人為履行保護帝國臣民的義務，提出保持香港的英國殖民地制度 50 年不變：即英國臣民繼續得到英帝國制度的保護 50 年，英國對得起他們了。在國際上也有面子：以國際文書使大陸允諾一國兩制。50 年後，香港的大英帝國臣

民大概都死了；新出生的人都不曾是大英帝國的臣民，大英帝國對他們沒有責任。香港人是殖民地人，沒有參與談判；英國人替他們做決定。大陸體制也不允許香港人參與收回的談判。中共可以不費一兵一卒收回香港，樂於接受這一國兩制。中英經多次談判細節後，簽訂《中英聯合聲明》，於 1985 年 5 月 27 日互換批准書，《聯合聲明》隨即生效。中英兩國政府將《聯合聲明》送交聯合國登記。成為國際文書。英國和美國等國家認為有義務保證協議的執行。1997 年 7 月 1 日，大陸正式收回香港，建立香港自治特區。這個一國兩制和當初共產黨的一國兩制剛好相反的是：在香港的一國兩制中，大陸的中央可以全面進入香港，對香港有管轄權，包括任命特首，駐軍，而香港不能參與中央政府事務。香港的《基本法》不諱言實行資本主義，是《憲法》外的制度。但《聯合聲明》中並沒有一國兩制這個詞，卻是大陸官方正式使用的名詞。

特別行政區一詞，出自大陸《憲法》第三十一條，但該條所稱的特區，和香港「一國兩制」中的特區意義不同。例如，按照《基本法》第七章「對外事務」，香港特別行政區享有的對外關係中的權利，超過《憲法》的規定，是憲法之外的另一種制度。所以不折不扣是「一國兩制」。

大陸的《憲法》在 1997 後曾經數度修改，但是都沒有將香港的一國兩制納入憲法，成為正式的制度，所以香港的一國兩制明確是一個過渡性質的制度。

香港的一國兩制，對香港回歸後的平穩過渡和發展，具有重大的貢獻，特別是對大陸擴大利用香港而對外開放發展，貢

獻無比巨大。但是一國兩制是過渡性的，50 年後將無條件立刻納入大陸的一制，香港人將沒有權利參與規劃未來。這個前景在年輕人中造成極大的不安。他們對未來的命運非常關切。年輕人都憧憬未來，而他們沒有未來。這是香港一國兩制的重大缺陷。而大陸一方也急於全面控制香港，無意維持 50 年不變的承諾。雙方利益直接衝突。

6. 大陸現在大力宣傳要在台灣統一後實行一國兩制。但台灣情況與香港完全不同。台灣不是殖民地，不可能把它改成香港，也不可能被一個外國把台灣交給大陸。中華民國從 1912 年推翻兩千年帝王專制制度而建立為現代民主國家，有艱辛但光輝的歷程，有完整的本土創造的國家制度，現在雖退居一島，其國家制度仍完整，民主制度的進展也運作正常，體制上比香港進步，比大陸進步。無論大陸將來是武統文統，都不可能採用香港的英制「一國兩制」來治理台灣，而是必須發明「第三制」。但大陸的宣傳僵化，仍堅持「一國兩制」的口號，而且是香港的「一國兩制」。在香港暴露出一國兩制的缺點後，台灣人心中潛藏的不安浮上層面，即使最有華夏大陸感情的政治人物，都不得不聲明絕不接受一國兩制。因為那無異於宣告：放棄下一、兩代以及未來世代不管，隨大陸處理，還不能保證共產黨遵守 50 年的諾言。那將不可能得到任何人的選票，

結論：以上六種一國兩制，一個名詞多種內容，並沒有一致的定義。但有一個共同點：即都含有過渡性，即不穩定性，不是長治久安的國家制度。

對港、台的「兩制」設有期限，對過渡之後的安排卻沒有

規定，全由大陸獨斷處理。從香港情況可以窺見港人心中的不安，以至恐懼。不限於年輕人，他們的父母祖父母輩也同情他們，擔心他們。有這基本的缺點，對「將來」沒有參與決定的權，香港不安，台灣更不敢接受「一國兩制」。

在大陸本身，黨、政雙制也有不穩定性，經常隨「黨中央」的意志在改變國家的制。習近平主政後，立刻設立六個由他直接指揮的共產黨中央專門委員會，加緊控制政府各部門。多年來更一步步把政府的許多重要機構及其職能從政府剝離，直接納歸於黨中央控制。例如，2018 年把僑務、宗教、少數民族事務從政府部門剝離，歸黨的統戰部直接管理。其他還有很多類似的黨剝離政府職能的變動。本來政府已經完全由黨任命、控制和指揮，但是黨對那樣的「兩制」仍然不放心，顯示黨、政分工隱藏著某種矛盾，也有不穩定性。

社會主義和資本主義的兩制並存，是前者控制後者：共產黨（＝社會主義專政）控制資本主義（＝市場經濟）。從世界各國的經驗看，資本主義的發展必然滋生不同的聲音和多元利益的社會發展，必會對專政形成挑戰；在黨內也產生不同的強大資本集團勢力，對當政者形成威脅，於是專政者經常高度警覺，強力維穩，並極力宣傳強大的執政能力，光輝的政績工程，以爭取向心力。但是不能掩飾這種兩制的矛盾。

無論哪種一國兩制，都不含對等的相互制衡機制。有制度性的制衡時，經常會有爭執，但是按照制度運行，反而穩定。沒有制衡，雖然能有專權的輝煌，但是難免上下不合，高層則激盪著爭權奪利和奪位的內鬥，有大起大落的危機。並不穩定。

人們對一國兩制雖有不安的感覺，但直到香港近月的反送中運動，才令人開始思考：一國兩制的缺點在哪裡？怎樣才能夠設想更好的，全民信賴的，能够長期維持的制度？

聯邦制很可能是未來國家既能和諧統一，又能使各加盟邦各自維持其特色自治的國體。聯邦制沒有一定的定義和模式，各國摸索最適合自己的特殊框架。有些國家的聯邦制已經失敗，有的則相當成功，有的仍在摸著石頭過河。中華大地人多地大，有共同的歷史和文化，有共同的民族情感，是中華統一的基礎。同時也有不同的歷史經歷，發展了各自的特長特色，那是中華民族積累的豐富資源。歷史上南北分治，多國並立，史不絕書，但統一的機運總是存在。現代的文明趨勢是全球化、多元化，多元互補，多元共存共贏。國家也將必然走向多元化，包容並存，在和諧中發展。如果強求偏狹的同，對民族和國家的對內對外發展都不利。將過渡性的一國兩制升級為永久性的聯邦制，並將制度優化，應該是值得追求的理想。有待海內外學者專家和官、民共同努力，集思廣益，以期終於能夠創建一種長治久安的良好制度。（2019 年 10 月）

三、試談香港問題的解決前景：短期和長期

香港的不安，已經持續五個多月，還沒有看出怎樣的解決前景。海內外華人都很緊張，擔心，只能抱著謹慎的樂觀心態，期望一切順利，前景光明。

學生們淳樸陽光，基本沒有野心，沒有陰謀。他們只是有直覺的感受，好像感到有深藏的地震。他們沒有組織，沒有實力。港府將理工大學圍城之後，抗爭可能逐漸緩和。但是問題並沒有就此解決，深層問題更顯露著危機。大陸的惰性宣傳始終堅持一國兩制的口號，還習慣於無限上綱，將年輕人的異音稱為受外國反華教唆，把示威污衊為不愛國，鼓動大陸人仇恨香港人，視為叛國，一片主張鎮壓。這種宣傳產生恐怖，無助於合理地解決問題。在香港年輕人方面，大陸把他們視為仇敵，更使他們感到不平、不安和恐懼，增加他們的疏離感和絕望中的反抗。

香港人向來非常愛國，只是近年來才逐漸感到吃不消大陸的傲慢和壓力，心生反感。這是反常現象。凡是到過香港的人，對香港都懷有美好的記憶，希望香港及早恢復正常，遊客暢遊無礙。

看來，香港問題的解決，可分兩道步驟：盡先讓特區依法就地解決，然後大陸高瞻遠矚，徐圖研究長治久安之計。

1.特區解決。特首政府與學生和民間對話，談判，按照《基本法》的規定、原則、和精神，在香港自行解決特區的問題，不必等待中央的指示。理由是：中央由於體制的限制，不會給

指示。

大陸體制的基本理論是：共產黨領導人民治國，不是按照人民的意願而當人民的公僕，依法服務。中共革命成功後，剷除了一切反對力量，所有的人民都是按革命定義的群眾，於是黨就代表了所有人民，黨就是人民。按照這個定義，人大代表向來由共產黨派任，不必民選。人大平常不開會，黨全權代表人民做一切決定。各省的人大常委會主席都是省黨委書記兼任：黨民一體。黨的意見就是人民的意見，沒有必要另外徵詢人民的意見。人民也不可能有其他意見。如果有異議，便被定義是反黨，反人民的意見。異議份子一定是自居於黨和人民之外的非法份子，或者受外國唆使的不愛國的人，應該視為反黨反國的問題嚴厲處理。結果是，共產黨不容忍「人民」有意見，也不可能對「人民」的意見讓步。大陸又是中央集權制度，不允許地方有不同於中央的決策權。因此，大陸的中央不能下令香港的特首政府與香港社會人士和學生會談，接受他們的要求。那將是違反體制。一旦開了先例，以後大陸的「人民」循例也提出種種要求，將難以對付。

大陸受到本身體制的束縛，不能對港府和港民讓步。但香港是一個特區，按照《基本法》可以有迴旋的餘地。大陸不能讓任何其他地方政府做的事情，可以讓香港特區政府做：就地解決，大陸中央默認。因此，在一國兩制下，香港特首不必怕事後會受大陸懲罰。大陸不但不會懲罰，反而應欣賞贊成，因為給大陸解決一個大難題：中央沒有破壞體制而答應港府與老百姓談判，沒有俯允民眾的要求。香港特區的特例將來不適用

於大陸，大陸的專政得以保全。然而大陸不便公開這樣授權，因此特首不必等待大陸指示，大膽自我決定，不要怕大陸不高興。

香港對中國的重要性太大了，不是大陸任何城市可以代替的。香港的國際性開放地位對國際上也非常重要。中國保護國際利益，反過來國際也維護中國的穩定發展。香港又是台灣和東南亞的試金石，稍有動盪會影響大陸的全盤政治和外交形勢，不容有差池。

一個國家有很多特殊優點的城市，是一個強項，掐掉一個世界明珠的城市是自毀臂膀。因此，大陸必須維持香港的穩定、平衡、繁榮、和發展。特首能夠解決香港的民眾抗議，維持香港現狀，不讓大陸為難，大陸中央會應會高興。

特首與學生和社會人士對話談判，應該不難獲得滿意結果。學生們提出的五大訴求並不含反政府的意思。其中第 1 點「徹底撤回修例」，特首已經做到。第 2、第 3 點「收回暴動定義」、「撤銷對所有反送中抗爭者控罪」，是同一回事。示威和言論自由權都明確列在《基本法》第 27 條和大陸《憲法》第 36 條（大陸近年正宣傳「憲法治國」），學生並沒有犯法。學生的示威最初是和平的，沒有武器。後來事情演變，衝突升級，需要進行真相調查，依法處理。不可以對學生普遍扣帽子。這也是第 4 點「成立獨立調查委員會」的訴求。各國發生類似情況後必然成立這樣的機構，有助於公平客觀冷靜地處理善後，恢復受傷的關係。特首在原則上應可以接受這一點。第 5 點「立即實踐真雙普選」，是《基本法》第 45 和 68 條的規定，雙方

不難就細節取得共識。

就這些訴求取得共識，解決當前問題，將會很快安定民心，恢復社會的和平穩定，國際經濟貿易，以及各方面國內和國際的來往與交流。在過去的五六個月中，香港的一般生活基本正常。若干地方曾經有交通阻塞，街道封鎖，但對外交通很少中斷。旅遊業受創最深，但一般生產和貿易正常進行。金融市場幾乎沒有受到干擾。阿里巴巴正常上市，順利集資。區議會選舉也正常按時完成。事實證明，香港教育程度高，社會文明程度高，有能力應付危機而快速恢復，不愧是居於世界前列的明珠。

香港政府採取對話和談判的方式處理，還能夠有助於解決今後可能出現的問題，發展出一套和諧相處之道，從而在一國兩制之下，維持內部圓滿自治，同時與大陸毫無衝突。

大陸至今是言論激烈而動作節制，並明言信任香港特首處理，是暗示給特首溫和處理的空間。特首應勇於承擔責任，以對話和談判解決，不必怕事後會成為代罪羔羊。估計反而會被尊為安定一方的土地神，同時還提高了大陸的威望。

2. 解決基本問題：將一國兩制優化。這可能不得不等待中國大陸的下一代領導人出現，大陸的政治生態環境有所改變，才有可能。

一國兩制是過渡性的，對幾十年後的未來沒有交代。等於是緩刑五十年，五十年後仍然「處決」。對於簽約的雙方，當時有穩定交接的作用。大陸因此極力宣傳一國兩制的好處。但

香港人處於待決狀態，內心深感疑懼。這種疑懼並沒有隨時間減輕，而是更加深和傳染。特別是年輕人感受最深，甚至未成年的中學生也對他們的未來感到恐懼。他們因此不約而同，甚至奮不顧身，參加遊行示威。而父母輩和祖父母輩，雖然自己一輩子無虞，可是關心兒孫們的未來安全和幸福，因此同情和支持年輕人的訴求。從最近區議會選舉可以看出來，香港人不分世代，有共同的感受。

改革一國兩制，可能有兩個辦法：一是將一國兩制的過渡性改為永久性，二是將中華國體改為聯邦制。

一、一國兩制是臨時性的。1997年後大陸曾經五次修改《憲法》，卻始終沒有將香港的一國兩制納入《憲法》。可見是不考慮其長期性。但是香港的情況提醒人們，這是個關鍵問題。

《基本法》第五條：「香港……五十年不變。」沒有規定五十年後自動完全歸入大陸的一制，沒有規定未來是什麼制度，也沒有規定五十年後以怎樣的程序決定香港的未來。所以港、陸有相當的靈活空間，可以協商將五十年改為永久，即延伸一國兩制為永久制度。在《憲法》中將香港「特區」規定為一種正式的行政制度，與大陸的少數民族自治區不同。大陸將永不干涉香港的「特」，同時規定香港的「特」不影響大陸。即：大陸同胞不可以援引香港的特例而要求與香港同等待遇。這樣雙方都各取所需，各得其所。互不影響，相安無事。過去二十年港陸來往關係良好，維持而延長下去，顯然沒有實際困難。

二、中國大陸理應自己設計最適合大中華長治久安的憲政體制。考慮到香港以外的更長遠問題，如台灣問題，一國兩制

絕不是最好的制度。台灣即使很親中的人也不敢接受。值得考慮的國體之一是聯邦制。在聯邦內，各邦平等，其治理體制自己決定，互不干涉。

現在世界上不少國家採用聯邦制。聯邦制沒有定型，基本上就是在人民統一的聯邦中，各邦自訂其最適合本身條件的治理制度。這樣的憲政大改革，需要領導層有開闊的心胸和理念。現在大陸的所謂紅二代或太子黨當權派，他們的出生與成長年代與他們的學識、經歷，範限了他們的思想和眼界，他們的控制慾望和專政理念根深蒂固。他們多多少少靠父祖輩餘蔭登上高位，深信他們的使命就是鞏固政權千秋萬世。他們很難改變。但是他們的下一代可能不同。

我們不知道所謂領導層的「紅三代」或太孫黨們是誰誰誰？不知道他們想些什麼？但是大體知道，他們多半都受過較好的高等教育，絕大部分到過外國讀書，訪問，工作，或有國內外事業經營的經驗。他們的學識和眼界與上一代不同。他們多半也曾得家族餘蔭的好處，但是他們相信自己可以立身創業，不必靠繼承政權而獲得權勢財富。他們旅遊全世界的經驗豐富，對許多現代價值的看法，對中國和對世界的了解和期望，也和上一代不一樣。因此紅三代或太孫黨一輩的人也許心胸比較開放，自信心比較強，不認為必須保持專政才能使政權安全，才對國家和人民有利；他們可能願意採納不同的意見，與「人民」共同建設國家，而不是堅持以專政領導人民。他們也可能對「人民」比較放心；不怕人民不忠；不怕人民一旦接觸異聲異議就會不愛國不愛黨。不怕開放會失去政權。新世代領導層可能真

實接受《憲法》和近年宣傳的 24 字社會主義核心價值觀，其中包含自由、平等、民主、法治等思想。他們可能認識多元化的重要性而加以接受。

近三四十年來共產黨擴大吸收黨員，黨員達九千多萬。其中絕大多數不是所謂紅色貴族了。他們是新世代的社會精英，期望他們會支持紅三代的兼容和開放的改革。

香港和大陸老一輩的人辛辛苦苦，從艱難困苦中掙扎出來，最大願望是獲得溫飽和較好的生活，不在乎什麼自由民主。大陸的宣傳口徑特別強調：穩定才有經濟發展，生活改善；而自由民主會引起動亂。但是香港年輕的一代跟世界接軌多，他們的教育不同，生活環境不同，不但不願意減少殖民地時期給予的自由，還期望追求更多的自由，民主和自治；他們相信民主不是亂，相信自己能夠自治而幸福。他們對大陸很了解，對將來併入那個制度感到恐懼。他們的父祖輩同情他們，也要求保護他們的子女輩和孫子女輩，希望他們將來生活在自由民主的社會中。

這種心理，也隱然存在在大陸上。有辦法的官、富家庭都積極想把子女送到國外讀書或生活。特別顯著的是黨政大官們，幾乎沒有例外地，以教育為藉口而將子女送出國，但是真實的內心期望是希望子女將來能夠有更開闊的天空。有位黨宣高幹說，「反美是工作，赴美是生活」。可見他嚮往的生活是什麼。這話可能有很大的代表性。

今天的領導們必然會按照他們自己的 image 挑選和培訓接班人。但是世代交替 generationchange 必有代溝 generationgap 的

出現。那是自然、必然的演化過程。中外古今的世代傳承中都會自然發生世代變革。每一代人都與上一代有不同的看法、想法和主張，更接近他們時代的變遷和需要。兩世代人的思想、價值觀念、人生目標、信仰、必然有差異。大陸「紅三代」的同代人，勢必不再專一重視物質建設和物質上的滿足，同時也追求個人精神價值，和社會公德公益公平等價值。這給紅三代的領導們提供了進行變革的生態環境。

香港未來不但在金融、經濟、貿易方面仍能繼續發揮無可替代的師傅作用，在法治、民主、社會治理、文明精神，以及向世界開放方面，也將對大陸發揮引領作用。香港學生現在因為發出聲音而付出代價，但他們揭露了一個關鍵問題：必須重視香港的價值。但願這次事件將是開啟歷史新頁的契機。（2019年 12 月）

四、試談兩岸四地以聯邦制統一

今天世界上各地基本沒有大的衝突和戰鬥；個別事件不斷，例如西非國家中的回教極端團體對村莊平民的攻擊，以色列不時與鄰國互轟等。但是重大軍事衝突的危機卻在東亞急速升級，尤其台灣海峽竟然是熱戰危機最深的焦點，令海內外華人感到異常關切。

海峽兩岸對立已經半個多世紀，是二戰後內戰的延伸。原本是中華人之間的問題，但是由於涉及東亞和東南亞許多國家的國防、經濟、貿易安全；南海、台海、東海是亞洲和太平洋界面的南北海線通道，台灣恰位居這 5000 公里海線的中點，戰略位置特別重要。更因為中國大陸承襲蘇聯的對內、對外體制和思維，親近俄羅斯，與遠近國家矛盾重重。因此，大陸對台灣的一言一行，便引起許多國家的危機感，劍拔弓張，可能一觸即發。

1. 解鈴還須繫鈴人。台海問題既然源自國共之爭，則兩岸達成和平統一，便能釜底抽薪，解決一切內外緊張。關鍵是大陸改變我武唯揚的政策，不以武力攻取台灣控制台海，對內平等善待全體國民，進而對周邊國家也採取和平友好政策，改善遠近的國際關係。因此，首要條件是大陸宣佈絕不武統。不武統，也不要威脅以武力解決國際爭議，問題才好解決。

a. 台海的國際緊張局勢已經形成，大陸與各國的對立是現實。大陸如果動武，必然引起眾多國家保台的大戰。各國都不願大陸的中共取得台灣，控制亞太全局的軸心，威脅亞太區所

有的國家和他們與全世界的貿易來往；美國如不能以保台而保護各國，必將喪失國際領袖的地位。這些都是各國不能承受的。不僅如此，大陸周邊強鄰，如俄、日、印度，都深藏著野心，等機會群起而搶佔中華的土地和權益。還不乏有其他鄰國也想乘機攫取一角。他們有志一同，都在做準備。因此，大陸如果對台灣進行武統，必然引起相當大規模的圍攻，是大中華的災難。

b. 武力攻台，中華人自相殘殺，破壞，把半個多世紀兩岸同胞各自好不容易建立的經濟基礎，培養的人才，和安定的生活，一舉再度破壞。內戰雙方的死傷都是同胞，雙方破壞的都是民族共同的財產，而國家建設中斷，民族元氣大傷，更導致民族內部難以磨滅的心理創傷。「中國人不打中國人」的原則，是每一個中華人不可違背的。「不和統就武統！」實質仍是武嚇。也不宜再提。

2. 大中華實現和平統一大業的最佳途徑，莫過於建立聯邦制。中華人多地域遼闊，有區域差異是自然的。近代以來的歷史經驗複雜，產生了種種差異和不同的觀點和利益，是現實存在的事實。政治家的任務應該是磨合出一種同胞間能夠友愛和睦相處，合作互助，各盡所能，各取所需的制度。讓摩擦最小化，團結與合作最大化。武統既不可，文攻武嚇只足以幫助台獨獲得人心，外力介入，統一日益遙遠，也是不可。

人類的文明進步到今天，世界走向多元共存；各國內部也都兼容並包，有容乃大。古代的勝利者，往往是把敵人趕盡殺絕；中外歷史都經歷過那殘酷無情的階段。但時代進步，人道

主義要求讓少數群體、弱勢群體、異族、異類等等群體都能平等生存，在合情、合理、合法的統一中享有自治自主。各國都在摸索前進；逆流返古，不可能見容於歷史潮流。

聯邦制是近現代政治的產物，世界上先後已經出現三、四十個聯邦制的國家。現在還有 27 個。各國因其特殊背景而聯邦制大不相同，天差地別。前蘇聯和美國是死敵，互相都公開以消滅對方為國策，但他們都是聯邦制（蘇聯稱聯盟 Union，美國稱合眾國 United），而理念、內涵和運作完全不同。聯邦制也不是只實行於人多地大的國家（如俄國、美國、巴西、印度），很多較小的國家也是聯邦。其中最成功的是瑞士（面積 4.1 萬平方公里，人口 750 萬）。聯邦制並沒有一定的定義或範式。

還有些區域的國家在進行深度聯盟，可以說是聯邦的雛形。最著名的是歐洲聯盟 European Union。歐盟各成員國各自完全獨立，但各國彼此約束主權，建立了元首合議大政方針的歐盟理事會 European Council、全體公民普選產生的歐盟議會 European Parliament、以政府部長級代表組成的議事與立法理事會 Council of the EU、和負責實際工作的執行理事會 European Commission。他們有共同的貨幣，共同的國際代表；歐盟國家間的貨物貿易和公民工作居住都完全開放，來往無隔閡。

3. 中華人的統一問題，必須是在現代國家與現代國民的觀念上解決，不可能以天無二日的帝王思想，以征服手段去解決。必須是建立在全體國民自願同意，所有國民一律平等的基礎上統一。不應是征服性的統一；應該是合作性的統一。沒有征服者與被征服者，平天下者和被平定者、統治者與被統治者，政

治正確與不正確的區分。尊重所有國民的人格與權利，既不是少數人的專政，也不是多數人的專政。

現代中國曾出現十幾種形形色色的聯邦制主張。自左至右，海內、外不同背景的色彩都有。絕大多數是針對國府當時特殊情況而提出的意見，都沒有引起嚴肅的討論，但可見聯邦制的確是陸陸續續浮上人們的視線。

大中華未來和平統一的最佳選擇，便是大陸、台灣、香港、澳門四地聯合建立中華聯邦。先決條件是在全體中華同胞之間培養互信 trust，首先必須四方的領導層明確表示建立聯邦的願望。其中以擁有最大體量的大陸表態最重要。

大陸必須容納台、港、澳同胞按照自己的意願，維持在其自選的制度中高度自治，不必要求他們接受共產黨的黨治。為了在聯邦制下共存，中華聯邦應該以法律規定，並建立制度性、機構性的保障，讓各成員各自解釋其民主：大陸不以其「全過程民主」加諸其他成員，其他成員也不要求大陸採取他們的民主。各成員互相容忍，互不干涉，安心各從其所欲。聯邦制中各成員除了政治上的制度不同外，社會經濟文化的平等交融應該最大化，那是真正的可持久的統一。聯邦制是安邦定國最穩定的制度。

研訂聯邦的制度是非常複雜的工作，有待長期談判，磨合。其中，中華聯邦必須建立保衛聯邦的聯邦軍隊，由成員的軍隊共同組成，共同指揮，以聯邦為唯一效忠對象。但各邦也可以擁有一定的軍隊，有如軍區，以便感到安全而接受聯邦。

在外交上，中華聯邦的成員理應都擁有國際空間，有參加國際事務的身份。聯邦在國際上將是 1+1+1+1=4 的四個實體。大陸在國際關係中將獲得其他三個成員為夥伴羽翼，更有翱翔的空間。台、港、澳擁有國際地位，一則感到安全，二則能夠對國際提供更多的、多樣的貢獻。

a. 大陸的共產黨領導層應該負中華統一的主要責任，也應該負不能統一的主要責任。其實只要以開闊包容的心態，衷心採取聯邦制，便可不費一兵一卒，最快速地達成大中華的統一，民族和睦團結，從而獲得東南亞、東亞各國的信任，化解深遠的區域和國際危機。那是歷史偉業。在平等的四方聯邦中，大陸是最大的成員，對外是主要的聯邦代表者，必然獲得最大的實惠和最高的威望。大陸因此應該對聯邦制有最大的興趣。

古語說，「如欲取之，必先予之。」從大陸的角度說，「取之」的意義應該不是吞並，而是以聯邦制完成統一；「與之」的意義也不是放棄或給予什麼，而是在多元化制度中寬容和宏觀。

b. 台灣一方必須對應地容讓一步，不堅持大陸首先實現民主自由才談統一。台灣顯然早已無意要求大陸實行三民主義五權憲法，或台灣的民主。大陸給台灣（以及港、澳）按照自己的制度自治，台灣也承認大陸以黨治的體制「自治」。在聯邦大旗下，互相容忍，接受，互不干涉。在中華聯邦中，國府的視野應該不是在聯邦內的爭執，而是在東亞、東南亞、亞太的大區域中，發揮使東、南、西、北、海、陸交融合作的軸心作用，促成國際合作，特別是擔任促進中美友好合作的橋梁。這應是

國府在中華聯邦中不可推卸的國際角色。

　　c.香港是世界的明珠，是引領大陸改革開放迅速發展的良師。蘇聯就是因為沒有香港手把手地引領，雖然國民的教育水平高，科技發達，資源豐富，至今經濟不能騰飛。香港人素質優秀，活潑積極而開放，有世界眼光和國際經營的特長，又非常愛國，在民國時期和冷戰時期，特別是在一國兩制中，對大陸都有巨大的貢獻。一國兩制的實行發生問題，解決的辦法就是將一國兩制改訂和增訂，成為聯邦制的升級版，也是永久版。香港為聯邦的一員，將發揮更大的不可替代的作用。

　　d.澳門利用其特點，有亮麗的發展，人均 GDP 最高，義務教育 15 年，也是最高。澳門人口 65 萬，比歐盟成員國的盧森堡 60 萬、馬耳他 46 萬還多。最近大陸把橫琴島（面積為澳門的 3 倍）劃為澳門與廣東合辦的「橫琴粵澳深度合作區」，打造「一國兩制」的實驗區，顯然有意要以澳門的能力去開發。澳門有足夠資格成為聯邦的平等成員。

　　4.從各國的經驗可知，聯邦制雖然並不能消彌各成員之間以及各成員內部的所有問題，至少是目前最好的理念。比較蘇聯和美國的經驗就能了解。蘇聯名義上是聯盟國，實際上是蘇共中央威權統治，各加盟共和國被壓迫和剝削，表面屈服，心存異志，一有機會就全部散伙了，一個不留。連俄羅斯都脫離了共產黨的黨治。以軍事高壓維持的附庸國也散伙了。美國聯邦制的特點是處處設想到平權和平衡，各州和所有國民都為合法的權和利爭執不休，永不寧靜，還發生過一次內戰，可見也不完美。但是維持了 200 多年，沒有因為經常爭執而互相消耗

能量，或破壞彼此的成就，也沒有任何外力能夠挑撥美國國民之間的感情與團結。期待兩岸四地出現高瞻遠矚的政治家，以民為本，以國家民族為心，領導國民共同努力，建立制度完善的聯邦。

結論：世界進入多元化時代，各國也漸漸採納多元化的制度，以期國泰民安。政治家的責任和本事，便是在難免的差異和爭執中，尋求多邊磨合，和平相處，趨利避害，創造共同的幸福。聯邦制就是最適合的制度。

兩岸四地有共同的歷史性義務：互相尊重，平等合作共存。那些陳舊的征服，消滅，我武唯揚，打遍天下的想法，都應該扔進歷史垃圾堆去。在帝王時代，必須打出一個家天下的王朝才是統一。在人民民主時代，人民團結才是真正的統一。

大中華有文化、語言、傳統、歷史地理的認同、有生活習慣、社會習俗的大同性，是建立聯邦的深厚基礎。近一百年來的經歷不同，豐富了民族的經驗和識見，加大了能量，並加深了民族共同感，是促進將來輝煌前進的寶貴動力。一旦各方宣示聯邦的意願，建立對話，則中華大地上，普遍人心安寧，合作無間。即使談判經年累月，不妨礙共同追求全民繁榮幸福的進程。中華民族立刻擺脫分裂、對立、互相消耗和傷害的不幸世代，走向多元的大同時代。

實行聯邦制，便是和平統一，避免民族自相殘殺。任何一方都不需要付出成本，也毫無損失，卻都獲得各盡所能，各取所需的效益，聯邦成員各貢獻其長處，產生 1+1+1+1>4 的增效作用。聯邦制並且是最快速獲得和平統一的道路。

　　中華民族和平、合理地建立包容、多元和面向未來的聯邦國，能夠贏得東南亞和周邊國家的信任，從而與他們建立真誠的友好關係，確保所有各國彼此的長期安全、發展，和幸福。促進印太地區和世界的和平，也從根本化解中美之間的對立，消除世界分裂的危機。（2022 年 1 月）

　　作者註：本文寫於 2022 年 2 月俄羅斯入侵烏克蘭之前，2023 年 10 月又爆發以巴間 30 年未有的大戰火，竟使海峽危機不斷升級，不僅太平洋兩岸三地，亞歐各國都在關注，並且都在準備參與台海一旦發生的戰事。華人同胞似乎更有必要鄭重考慮中華聯邦的概念，以期化解中華民族面臨的空前危機。

肆、遙望大陸

一、應及早停止中美爭執致力於提升國民幸福

世界上國家有大有小，有發達國家，有發展中國家。什麼樣國家的人民的生活最幸福？聯合國有兩個分析統計可以參考：一是開發計劃署發佈的「國民發展指數」，一是可持續發展方案網發佈的「世界幸福（快樂）報告」。

「國民發展指數 Human DevelopmentIndex」是指普及到國民的社會經濟發展水平。2018 年排名最前的 15 個國家是：挪威、瑞士、愛爾蘭、德國、澳大利亞、冰島、瑞典、新加坡、荷蘭、丹麥、芬蘭、加拿大、新西蘭、英國、美國。中國（大陸）排名 86。

「幸福報告 HappinessReport」是按照幾種指標計算的國民所享有和感受的快樂水平。2019 年排名最前的 15 個國家是：芬蘭、丹麥、挪威、冰島、荷蘭、瑞士、瑞典、新西蘭、加拿大、奧地利、哥斯達黎加、以色列、盧森堡、英國。美國排名 19，中國（大陸）93。

兩個指標都是按個人計算，顯示最發達而又幸福的國家，大多數是歐洲國家和英語國家。兩組國家中，有 11 國兼居兩個

標準的前列。他們多半是人口較少的小國。其中有代表性的是北歐各國。他們是世界上公認的最和平、安祥、公平、富而不驕的國家。他們對國際和平和國際援助最熱心，是公認的好人國家。世界上最富強的大國美國，在國民發展前 15 名中，剛好敬陪末座；幸福排名落到第 19。

中國在十九世紀中葉以後，國民前赴後繼的犧牲與奮鬥的目標，是抵抗侵略，獨立自強。今後應該追求什麼？是對外的爭大爭強爭霸？與美國比、鬥？還是取法乎上，以北歐等國家為榜樣，以追求社會經濟素質的進步和國民的幸福快樂為目標？

有人認為小國寡民容易達到幸福快樂的境界。大國人多而複雜，內外牽涉的問題和矛盾太多，不可能達到小國寡民那樣的幸福境界。但是美國已經幾幾乎追上那些標準，別的國家就不可能嗎？古人說，治大國若烹小鮮。治大國應該仍是有辦法的。現代國家有建立聯邦的趨勢，在必要的全國性統一制度下，國內各區域各因特殊情況和需要而自治，各自追求他們最高的幸福。美國有的州的幸福水平就大於全國的平均。各國的聯邦制度還在摸索中，尋找最優的制度組合，以期兼顧統一的大國優點和地區自治的小鮮優點，以期全體國民都獲得最大的幸福。現代政府為人民謀福利的能力遠大於古代，個人自求多福的能力也遠超前人。未來的可能性有無限的空間。如果大國就無法追求其國民的幸福，那豈不是大國的悲哀？

為了期望國民普遍幸福，有一些客觀的必要條件必須具備。今天的中國大陸必須從事多方面的努力：

1. 教育：幸福的國家，其國民必然擁有較高的教育水平。教育是幸福國家明顯的最重要基礎。中外古今，無論任何社會，都是以獲得教育為提升自己、子女、家庭、家族、社會的最重要途徑。中國古代教育勝過西方，是文明大國。近代西方教育超前，中國便受辱。提升教育無疑是追求幸福的首要條件。

a. 提高義務教育：當前義務教育中有兩大缺口，必須立刻積極補漏：一、小學和初中的義務教育的教師不足，設備不足，經費不足，教育資源在全國的分配不平，各地教育水平有重大差別。教育不平等，必然產生根本的社會經濟不平等，如發展不均、貧富不均、公民權利不均等。城鄉和海陸教育水平必須一致。二、將學前教育和高中教育、以及兩年的大學教育，提升為免費義務教育，全面提升國民教育水平。

b. 建立補充義務教育制度：由於直到 21 世紀初才先後全面建立小學和初中的義務教育制度，30 歲以上的人口大半是文盲和低於初中水平，人數可能高達七、八億；他們是過去 30 年創造「人口紅利」的廉價勞工是最不幸福的同胞。隨著經濟必須轉型和升級，他們即將成為失業大軍，而企業則缺乏合格勞動者，難以升級。因此必須給失去教育機會的國民提供從小學到高中各級的「加強版」補充義務教育，使他們擁有各行各業的中、高級技能。中國如果想在二三十年內完全脫胎換骨，全民提升為現代國民，補充義務教育是和正規教育同樣必要。

c. 提升研究院級和博士後的教育和研究機構，不但在國內努力，鼓勵留學，還必須與國外大學和研究機構合作、交換、引進。鼓勵科研人員按照自己的興趣專心研究，以便提高科研

的質量。提高國際科技的坦誠合作，是吸收高科技的康莊大道。

　　d.擴充師範大學、師範院校，以全公費培養各級教學人才。有良好師資才教出優秀的學生。由於正規義務教育和補充義務教育都迫切需要大量師資，應鼓勵各類專業人士和退休人士，去各級學校兼任教師、教授。以他們的所長作育英才。教員是智力工作者，他們的知識隨年齡而更精進，必須靈活延長教育界的退休年限。

　　e.提升教育，不僅是數量問題，更是質量問題：一、應提升師資水平，提高教師的待遇和社會地位，建立師資和教育資源全國公平分配的制度，使全國教育質量基本一致。二、切實充實教學質量。例如中職和大專必須教足三年課程，並有充足師資，務必使畢業生確實擁有專業學識與能力。補充義務教育必須貨真價實，不可以送文憑敷衍。三、教育多元化，開放民間辦學，企業辦學、充分發揮學生的天賦和潛能。四、避免政治領導教育；應嚴肅考慮讓黨組和黨委書記退出各級學校；五、中國人應該是世界級的國民。應培養學生們擁有國際知識、國際視野、國際胸懷，品德素養；不應該有自大驕傲的心態，不應該有國家、文化、種族等歧視心態。應該真誠以平等待世界上的各民族，四海之內皆兄弟。六、中國人的讀書習慣和讀書率居世界的後列。必須普遍建立從鄉村到城市各區的公共圖書館系統和服務機制。國民無論在什麼地方，都應該能夠獲得圖書和非書的閱讀資料，養成閱讀求知的習慣。

　　2.幸福國家必須是全體公民一律平等。因此，必須提高農民和民工的公民地位。在西方，工業革命後，農村人口加入

工礦各業生產行列，便轉變為產業工人：所謂工人階級。在中國，農民被規定為農民階級外，又被規定為永遠附著於農村但沒有土地的農民，子子孫孫也永遠是的農民（封建性身份）。改革開放後，允許農民外出在工、礦、路、商、建築各行業工作，但永遠不被承認為工人。他們和他們的子子孫孫永遠是「打工」，是擺不脫「農民身份」的民工，沒有工人、公民的平等地位、沒有公民的權利和社會福利，不能在工作地點安家，合法居住，給子女讀書，等等。農民和農民工佔全國總人口的大多數，他們是最堅忍，最吃苦耐勞，最奮發圖強的國民。他們想改善生活，為子女前途打拼的願望非常強烈。但是受限於現行階級和封建性規定的雙重限制，沒有機會。他們被官方直接稱為「底層人口」。農民的教育不受重視，勞動生產率低，無法掙扎改善自己的生活。農民工由於工作環境差，傷、病、死亡率很高。年輕的民工結婚困難，生育、養家更困難。能夠結婚並生育的民工，子女只能留在農村成為「留守兒童」；留守兒童的人生前途是暗淡的。為追求全民幸福，必須提升農民有完全平等的公民地位，享有平等的公民權利和福利，全國和城市中不再是「居民」和「農民/民工」兩種人口的分裂社會。

3. 民以食為天，無論古今中外，同是一個道理。中國地少人多，糧食和各種食物生產不足，提高農業和畜牧林業生產力應該是保障國民幸福的第一要義。提升農民的教育水平和解放農民的身份是先決條件，同時必須研發各種科技生產技術，如節能、節水、節土地的生產技術，以及保鮮技術。並必須培養國民飲食健康和不浪費的習慣。研究各種人工科技養殖而污染

環境的解決辦法，免除有害添加劑，保障國民健康。

與提升科技農業生產並行的是改善農村環境。農村是全體國民生活所依賴的、也是被忽略的大面積國土。從環境、生態、生產方式，到人文質量，都應該積極地改善，以支撐一個現代國家。

4. 今年突然發生新型冠狀病毒 Covid19 危機，比 2003 年的非典型肺炎 SARS 更嚴重，中間還有豬瘟事件，凸顯了環境衛生、醫護建設的緊急性。保障健康和生命當然是快樂的最基本要素。需要擴大增設醫學院和護理學院，培養大批醫生和護理人員，建立醫院和診所、保健設施和全民醫保制度；加強醫學研究、藥品研發與生產、管理；提高應急準備的機制和儲備，研究變異病毒和微生物傳染病。國民必須養成良好的生活習慣和衛生習慣，預防基礎病。

5. 環境保護：生命基本要素的空氣、水、土地，都已經大面積污染。因為環境而非正常死亡的人數，至今沒有正式統計，但必然非常驚人。保護環境包括處理能源、氣候變化、生態變化、污染；挽救海、陸動植物生態環境；預防海水上升的後果等巨大問題。必須及早調研、準備因應沿海人口大遷徙和經濟生產格局大調整的問題。

中國的江河湖海是長期被忽視的，很少受到保護，也很少利用。目前大量用於人工養殖，對水資源的污染和浪費十分驚人。必須徹底改善。

6. 資源保護。中國地少人多，幾乎所有重要資源都不足，

卻同時還在大量浪費：一、能源：必須研發各種新能源和綠色能源；研究在生產和生活上節約使用能源的技術與習慣。二、土地：必須挽救平原的肥力消耗，防治沙漠化；研究如何在保護地球的前提下利用山地、高原和海洋；因應氣候變化所引起的農業生態變動和沿海地區陸沉等危機。為彌補土地不足，應培養國民擁有海洋能力和海洋精神，研發在海洋生活和生產的技術。三、水：水是維持生命和生活的必要要素。中國國民平均可使用水量只是世界平均的 1/4，而江、河、湖、海大面積污染，冰川消失，水資源危機日益深重。必須研發：在各種產業上和國民生活上節約用水的技術，研發再生水利用的技術和海水化淡技術；建立海水化淡工業；提高利用江河的交通與物流效用；以及挽救大量瀕臨滅絕的水生物種；提高國民認識與水共生的重要性。

結論：這些是影響國民幸福快樂因素中的犖犖大者，每一項都需要數十年的努力去逐步完善。目標是全體國民享有平等的公民權利，受到良好的高等教育，家庭完整，生兒育女，享有環境品質、食物安全和健康保險，身心愉快。

學者們仍在探討什麼是真正的幸福？但世界上已經有大致的幸福標準，有目共睹。那些幸福標準，不包括國家富強或稱霸一方等等。中國人熱衷於把子女送出國讀書和生活，不是為分享那些國家的強大和威風，而是給子女較好的教育、生活環境、將來成家立業，身心舒暢。人同此心，心同此理。出國潮的最大目標是美國。但美國並不位居幸福排名的前列。中國何不以世界上幸福快樂的國家為榜樣，自己建立為幸福快樂的

國家？那些國家並不是小而弱，幾乎每一國都有位居世界前列的科技發明，有世界級的國際大企業，國防科技也發達（如瑞典），在國際上擁有驕傲的地位。其國民走遍天下，廣受尊敬。以他們為模範，不是與他們比富，比強，競爭，鬥艷，搶國際地位；不應樹立敵人，而是在和平與合作中，廣交真誠朋友。不會導致所謂修西的底斯陷阱。朋友多而沒有敵人，便國泰民安，安享幸福生活。那豈不是天下父母心普遍的願望？國家最高的理想？（2020 年 4 月）

二、以補充購買力安定民生恢復經濟·

在全國國民的努力和犧牲下，2020 年中國大陸躲過了一場新冠病毒的大疫。值得慶幸。但是兩個月的停工停產停止消費，幾億人失業或失去收入，購買力大降而負債率上升，生產和運輸重挫，整體經濟受到極大的傷害。當前面臨的一大考驗，是怎樣恢復。

中國已經有新聞報導，將仿照 2008 年金融危機時候的辦法，再度投入巨額資金，以投資巨大的基礎建設刺激經濟。當年投入金額 4 萬億，救經濟頗有功效，但是在少數項目上 過份投資，產生巨大的不良後遺症，對民生方面反而有若干負面影響。這次的刺激將投入多少？投向何方？是否會再度產生更大的後遺症的問題？頗費思考。

在美國 2019 年的民主黨初選中，有一位華裔候選人提出的一條政綱，可以為中國借鏡。原來沒沒無名的楊安澤 AndrewYang，與十幾位政界名人競選，參與辯論，堂堂進入最後七人的地位，然後瀟灑退選。他的十大政綱中，最獲得各種不同背景各階層各族裔選民支持的，是保障全民基本收入：凡是 18 歲以上美國公民，不論其他收入如何，人人獲得基本收入每月 1000 美元，一年 1 萬 2000 美元；保證每一個公民擁有基本購買力，免於赤貧。這個大福利政策必然增加就業，擴大總體經濟。唯一的規定是：這部份收入必須用於消費，不得用於借、貸。

中國在防、治新冠病毒的過程中，使用了封城、封區、封

路、停工、停產等辦法，使經濟活動大面積的停頓，幾億的就業者不能上班，沒有收入，全民宅居，消費劇減，生產者停工停產，生產鏈供應鏈斷鏈，整體生產萎縮。在恢復生產方面，關於怎樣協助生產者、小企業者、小服務業者恢復正常，政府必須慎謀善策。在恢復消費方面，不妨參考楊安澤的建議，全面補充在疫情中損失的購買力，並擴大到全民補助，使社會不但恢復購買力，還能創生若干新的購買力。以下試解釋這個辦法：

1. 這個辦法主要意義是幫助基層農民、農民工、工人、民營企業就業者、一般服務業者，恢復和維持原有的消費能力，安定民生，同時安定民心。這些基層勞動者，經濟基礎薄弱，沒有什麼儲蓄，長時間沒有收入，疫情對他們的生活、健康、幸福影響特別大。使他們陷於生計無著，恐慌，負債，破產等等困境，影響社會安定。消費力的消失使基本生活必需品的經濟部門陷入蕭條，恢復困難。消費能力就是需求，是經濟的動力。政府對國民全面補助，是恢復整體經濟的一種有力辦法。

2. 其一：對全國所有國民，凡 18 歲以上，不論原來收入如何或收入是不是曾受影響，每人提供 1 萬元人民幣補助。這是一次性（可以分兩三次發放）的救濟和提升購買力的措施。

a. 全國 18 歲以上人口約十億，因此所需要的總投入是 10 萬億元人民幣。初看數目很大，但據新聞報導，僅 7 個省市的刺激經濟計劃，以大型基建為主，就投入 25 萬億人民幣。隨即又有報導，22 省市將投入 47 萬億元，從事鐵、公路等基建和大數據、人工智能、網絡經濟等基建。相形之下，補助恢復全民

購買力的投入，數量極小，而對民生基本經濟的恢復和提高，對安定民心和生活，對提升民生與幸福，功效大而見效快，而且不會有不良後遺症。

1 萬元的數目大約是一般基層農工服務業三個月的工資，因地域行業和身份（如農民工）不同而不同。這個數目不能再少。

b. 政府職工類的人員，包括黨、政、軍、各級公營企業、教育、社會組織等以政府負擔工薪的人員，他們在疫情期間不受影響，照常領取工薪。但是為了全民共同提升購買力的原則，仿照楊安澤的基本福利平等概念，對這部份職工，和對原來在鄉沒有工作、幾乎沒有收入的老農、和找不到工作的農民工、城鎮失業者一樣，都同樣領取每人 1 萬元補助。這個辦法，簡單明瞭，不必調查誰該得誰不該得，得多得少。以期迅速實施。

c. 這其中包括大學生和研究生，原來不是以工作獲得工資的人口，但有不少學生是依靠兼職打工艱苦讀書的。他們在疫情期間也失去收入，特別困難。因此，政府應對他們，不論有無助學金或是否打工，都給予完全的成人補助 1 萬元。學生們如果有公、私助學金、獎學金等，應該補領如常。否則，政府應當完整補發，或協助民間基金會完整補發。這類學生，可能有 3000 萬人，他們是未來的精英，保護他們安心讀書，絕不為過。

3. 其二：對全國所有 18 歲以下國民，不論原來是否有收入，每人提供 5000 元補助。

a. 這其中包括高中和中職學生，原來不是以工作獲得工資的人口，但有不少學生是依靠兼職打工艱苦讀書的。他們在疫情期間也失去收入。因此，政府應對他們，不論有無助學金或是否打工，全部給予每人 5000 元的補助。學生們如果有公、私助學金、獎學金等，應該補領如常。否則，政府應當完整補發，或協助民間基金會完整補發。高中級的學生可能有 4-5000 萬人。補助他們好好讀書，當然也是絕不為過。

b.15 歲以下的人口，是初中學生和兒童，約有 3.2 億。他們原來沒有收入，依靠父母或祖父母生活。他們是民族的瑰寶，未來的希望，特別應該對他們的父母或祖父母或撫養人給予購買力補助。其中包括可能上億的留守兒童，更有沒有公開記錄的童工，是最脆弱的同胞。童工尤其是社會的重大污點，需要加以調查，研究怎樣對他們和他們的家庭提供補助，讓他們能夠重新獲得教育機會。

4. 這個補助購買力設想，不涵蓋扶助企業恢復的意義。對於民營企業，特別是小企業和小服務業，對於因為新冠造成的經營和財務損失和恢復的困難，對於國民因為新冠影響所及造成的各種生活和經濟損失，政府應按照各行各業的具體情況，另外設立辦法，協助他們脫出困境，恢復正常營業與生活。在刺激經濟的投資中，希望從大、高、重的大型工程，轉向農村和鄉鎮、中小城市的地方經濟的建設。例如，減少新建僅僅聯繫 大城市的高速鐵、公路，轉而增加非高速的鐵路、公路建設，以及增設高速鐵、公路的停站，能夠迅速促進沿線中小城市和鄉鎮的社會經濟發展。他們才是大多數人口和需要發展經濟的

所在地。

5. 有必要建立專門機構，負責公開地、透明地辦理這個龐大的發放資金的全部程序。現在手機支付功能的應用很廣。政府很容易把 1 萬元打進每個人的賬戶。簡明而沒有中間費用。對於還沒有擁有手機的 18 歲以上國民，多半是農村貧老農民，不妨由政府贈送給他們每人一個手機，耗費不大，也是一種扶貧（這是仿照美國的對低收入老人的福利辦法）。對於擁有手機而沒有手機付款程式的人，政府替他們免費裝設。

政府有義務監督市場，嚴禁任何抬高物價的行為，也勸告購買者不必搶購以至抬高物價。經濟應該在原來物價水平上穩定有序地恢復。

結論：這個辦法與美國楊安澤的辦法雖貌似而實質和精神並不相同。楊的政策是宏觀而長期的大社會福利制度，免除社會中經常存在的底層貧困，消解部份貧富差距。而本文建議的補充收入，只是新冠後一次性的救濟措施：補救疫情時期的國民購買力損失。大陸的全民福利制度，還有待建立。

購買力補償辦法，必須立刻開始實施，迅速發揮恢復經濟的作用。及早實施，有助於恢復購買方和生產者的信心。但是應該有序地分期完成。不是突然把大量資金投入市場，造成市場混亂，通貨膨脹。分期的另一個理由是：避免有人不謹慎，突然獲得大筆收入便亂消費和浪費。

由於中美貿易戰和新冠疫情的雙重壓力，在中國的生產鏈和供應鏈受到重創。有的公司工廠可能考慮移出中國，使鏈環

中斷，從而增加恢復的困難。及早宣布立刻注入資金恢復購買力，有可能使仍在猶疑不決或尚未執行外遷的企業，包括外資企業，從長計議。給本國產業有時間和能力考慮新的國內、外佈局。

經濟發展必然有循環性的周期降速，又有不可預知的天災人禍。無論任何國家都難免。不論發生在本國或從外國傳入，各國都須要有種種因應方策。本文借重在美國的一個競選政綱，稍加變通，希望有助於迅速恢復新冠後民生經濟的良方。

（後言：本文寫好後，美國議會在 3 月 25 日恢復經濟的 2.2 萬億美元撥款法案中，也包括了對公民發放現金的辦法。可見這個「楊氏政綱」已經被採用為在經濟危機中必須的紓困辦法之一。）（2020 年 4 月）

三、三代同堂議

　　新冠疫情橫掃全世界，其中老年人的死亡比例最高，引起人們注意老人們的健康、家庭、幸福等突出問題。近代西方小家庭制度，老人們都是孤獨地在自己家中或在老人院中度過餘生。中國60歲以上老人已經超過2億。他們已經無福享有大家庭制度中的照顧，同時社會養老設施不足，而且未富先老，問題尤其嚴重。

　　小家庭制度不僅是缺乏對老年人的奉養，由於年輕的父母工作壓力大，或者社交活動多，對兒童和成長中青少年子女的照應往往不足。子女雖然物質供應不缺，但家庭教育和溫暖不足，很多人精神不愉快，心理發展不大正常。父母自己也心力交疲，母親不能在事業上全力奮鬥。很多青年夫妻思前顧後，不敢生育，或不敢生第二個。單子女的家庭教育和感情教育往往趨於偏狹，沒有兄弟姐妹堂表親戚等的感情，情商偏低。發達國家幾乎都有這類問題：青少年心理問題多，憂鬱症多，自殺率高。中國更有因農民身份制度而產生的農村空巢老人和留守兒童問題，是特有的重大傷痛。

　　中華傳統的大家庭制度，是有機的養老和育幼的機制，是中華文明源遠流長的實體寄託。大家庭保守，年輕人受種種限制，思想也偏向保守，是其缺點。進入現代，教育和工作機會使年輕人追求不同的志願，各奔前程，遠走四方，過去那種子承父業的大家庭自然解散，轉而流行小家庭生活。不可否認：大、小家庭各有優點缺點。今後是否可能在兩者之間取其中，

鼓勵一種三代同堂的家庭制度？

實際上，很多年輕夫婦有小孩後請父母或岳父母（小孩的祖父母、外祖父母）來幫忙照顧，一舉滿足三代人的需要。留學生到異國拼博，夫妻都必須全力工作，也流行請父母遠涉重洋來幫忙。但是這些情況都是短期的；社會沒有支持他們長久三代同堂的制度。然而三代同堂家庭對三代人的益處很明顯：

1. 對老人：他們不孤獨，獲得生活照顧、心理照顧，日常的醫護照顧。有三代天倫之樂，能對兒輩、孫輩有所幫助，身心愉快，健康長壽。

老人們能夠分擔子女的家務和育幼責任以及經濟負擔，對孫輩能提供有形和無形的情感教育和智力教育。老人們有豐富的生活經驗和工作經驗，有家庭的依托，還能夠外出兼任多方面的正式工作，例如去學校兼課，去圖書館、文化活動、公民活動中擔任義工，對社會有貢獻。

婦女的壽命通常都比男子長 5、6 年。在小家庭制度中，她們人生的最後一大段是最孤獨淒涼的。三代同堂對這些老祖母最能發揮溫馨的身心照顧。

老人們與子孫輩同居，比獨居節省，同時節省社會上很多養老的機構和人力、財力的負擔，也節省很多住所 / 公寓。老人分居是很浪費的家庭結构。等到老人們必須醫護照顧的時候，再去養老院住。

2. 對年輕夫婦，三代同堂是巨大的幫助：年輕夫婦雖然一般生活不缺，但是子女負擔卻是大問題。以至往往選擇不生育，

或只生一胎。發達國家的生育率都很低，不是不愛生，不愛育，而是迫於環境和工作、生活壓力，不能或不敢多生。不只是錢的問題，主要是分身乏術。婦女往往因為生育和育兒而放棄或延緩事業，失去事業機會，也失去從工作中獲得的愉快和滿足。對個人和對社會都是損失。生兒育女是人生幸福的一部份；在富裕國家，年輕人往往在這方面感到缺陷。有祖父母在，便可以放心生育或多生一個。中國未富而年輕人面臨的生育問題更大。

生育的父母們請祖父母來照應子女最放心，他們可以多出時間為事業打拼，同時也履行上養老、下育兒的責任，共享天倫之樂。

3. 對子女：三代同堂家庭能夠給子女更深厚的德育、智育、群育，以及提供較多方面的人生認識。祖父母比較寬容，父母則通常要求嚴格，兩者平衡對子女的教育有益。如果父母們能夠多生一胎，便有兄弟姐妹和堂、表等親戚，有助於養成處理人際關係的能力和團隊合作的精神。有助於未來社會的和諧。老年人的智慧，青年人的積極性，將使子女獲得寶貴的身教。成長為有創造力和親和力，有進取精神的人才。

在新冠疫情中，各國都普遍試驗將學校上課改為在家中網上上課。如果是中、小學生，需要家裡有大人照顧。這使很多小家庭感到困難。很多父母不能在家裡遠程上班，無法在家裡兼顧孩子。孩子在家甚至沒有飯吃——學校原來供應午餐甚至早午兩餐。遠程授課和課室授課各有優點和缺點，涉及很複雜的教學、家庭和社會問題。但遠程授課與課堂授課搭配，優、

肆、遙望大陸

缺點互補，發揮最大的教學效能，顯然是未來的趨勢。家中有祖父母在，學生將能夠順利接受遠程上課辦法，不因為家庭條件差而在網上學習中處於不利地位，擴大了教育的不平等。

在西方社會，許多父母過於忙碌，難以有足夠時間陪伴子女讀書玩樂，便以多送玩具，多給零用錢補償，結果孩子身心成長並不健康，還可能養成不良習慣，以至於年輕人不正常的事很多，如酗酒、狂歡、吸毒、暴行、甚至自殺等。在貧窮的家庭，或單親的家庭，子女成長期的問題更多。中國社會也出現了這類問題，觸目驚心。三代同堂的家庭環境可以在很大程度上避免產生問題青少年。

4. 對農民：農民家庭是中國大陸特有的問題：西方在近代工業化後，農民離開農村去各行各業就業，就轉化為工人，所謂「工人階級」。中國大陸的制度規定農民階級是二等階級，還規定永遠是農民：不論去哪裡做什麼工，自己和子子孫孫仍永遠都是農民，永遠「打工」。工資低，沒有「身份」，沒有福利，也沒有權利。他們不能在城市裡安居，成家困難，能成家的則生育和養育子女又困難。子女不能在城市受教育，只能送回農村成為「留守兒童」。農民工也不能孝養他們的父母，老父母如果不是在外打工，便是農村的「空巢老人」。民工的家庭三代割裂，沒有正常家庭生活。一年一度的春節轟轟烈烈的返鄉潮，其背景卻是打工農民家庭的辛酸。農民的傳統家族思想和習慣比較濃厚，會比較容易接受三代同堂家庭，也符合他們的需要。農民／民工佔中國人口的大多數，他們的幸福應該就是大多數人的幸福。

為提倡三代同堂家庭，政府有責任建立必要的配套制度和基礎設施：

　　a. 對三代同堂家庭降低所得稅：凡是有老一輩長輩的家庭，都給予減稅待遇。按照養老的人數（同居的祖父母或外祖父母人數），分級減稅，藉此鼓勵三代同堂。

　　b. 對肩負孝養父母的夫妻再提供「敬老」補助金。不論父母是否自己有收入（有的還沒有退休），都按人數提供敬老金，使得三代同堂的家庭不會因為養老而增加經濟負擔，反而比分住兩家更為寬裕。政府同時設想種種辦法，鼓勵退休老人兼職工作，增加家庭收入。

　　c. 提升農民為平等公民，取消農民世世代代永為農民的制度。使農民享有在任何地方工作和居住的權利，以及在居住地享有全部公民權利。為農民建立配套的社會環境和生活設施、如學校、公寓、工作保障、公費醫保、退休制度等。使農民的子女和空巢老人可以進城，同為公民，三代共同生活。應及早建立從學前教育到高中畢業的全面免費義務教育，並迅速建立補充義務教育制度，以提高進城農民的教育、技術和生產力，也提高祖父母一代照顧家庭的能力。「移民」進城的農民/民工，不應該是城市中的底層貧民。城市裡不應有「居民」和外來農民兩種人的區別。

　　d. 鼓勵建築界設計三代同堂的公寓和家屋，除設計老人的臥、浴外，並有他們閱讀/工作與休息房間，使他們有屬於自己的空間，減少傳統大家庭中的一些弊端。三代合住，可以節省大量老人公寓，對社會是巨大的節省。三代同堂的公寓應該

與其他公寓混建，各種家庭混居，社區生活豐富，富有活力和愛心精神。

e. 政府應建立老年人的福利收入制度，不論城市居民或農村農民／民工，都有一定的基本退休收入。加上敬老補助金，三代同堂家庭的經濟環境會有所提升。老人並不是依靠子女生活而使得子女負擔加重，反而是有所幫助。

f. 建立完善的社會醫護保健設施：當老人們漸漸多病，生活不能自理，不能兼顧家庭的時候，他們的第二代也難照料他們。應該有良好的老人醫護制度，幫助三代同堂家庭給予老人們醫護照顧，最後還接納他們到有全時間醫護照顧的老人院去住。不能讓三代同堂家庭陷入無力也無法養老的困境和心理壓力。三代同堂家庭並不是代替有醫護設備的養老院。醫護養老制度是對三代同堂家庭制度的必要支撐：使「老有所養」順利過渡到「老有所醫」。

結論：孟子的中庸思想，是中華傳統文化的中心思想之一。兼各方之長而不走極端，是為中庸。三代同堂家庭介於傳統大家庭和西式小家庭之間，是具體體現中庸之道。中國脫離大家庭和接受小家庭習慣都不久，三代同堂可能是理想的家庭結構。

血緣之間的親愛關係是出於天性，是自然的。大家庭能夠維繫家庭和社會的承前啟後，源遠流長的穩定關係，然而與現代經濟、社會生活方式不能兼容。小家庭的缺點是個人和家庭在社會上原子化。三代同堂家庭的設想，將三代的財力、智力、能力和時間進行整合，而達到較大的合理共享，產生 1+1>2 的增效效果。在充分的社會、經濟制度支撐下，有可能成為未来

的基本家庭結構之一。

　　三代同堂的家庭兼有大、小家庭的優點和缺點，優點多於缺點。所以政府應以社會、經濟措施鼓勵三代同堂。將來的努力是設法發揮優點，彌補缺點。年輕人怎樣選擇，都是是正常的。每一個家庭按照實際需要和個別因素考慮，可以靈活選擇，自由自主，或在不同時期因時、因地制宜而採取兩代、三代居住的方式。絕不可以用政治力量去「勸併」。那將是揠苗助長，折騰而後必然失敗。（2020 年 9 月）

四、試談中國因應拜登時期的競爭（一）改革開放

　　內政是外交的基礎。內政治理完美，國必富強。美國為恢復並加強其世界地位，首先是迅速治疫和治理國內的宿疾，加緊社會經濟建設。中國面臨美國的戰略性競爭，同樣需要在內政上做最大努力。1980 年後改革開放的模式是維持集權統治，集中人力物力，利用市場經濟，以「少數人先」的政策，讓經濟的金字塔頂迅速升高。40 年來獲得巨大成績，但是發展嚴重不平衡，造成社會和經濟中的重大明傷暗傷。今後應該以「全民」發展為目標，擴大改革開放。

　　中國大陸已經足足三代人是在共產黨政權下成長，完全接受了共產黨的領導，視為當然；在發現問題時，也是期望共產黨去解決。早已不存在反對政權或取而代之的意識。共產黨員 9500 萬，吸納了全國的精英，控制著所有一切黨政軍企教育社會團體和信息。政權牢固。現在也沒有外力入侵的危機。因此，不必再懷疑人民，防範人民，可以放心擴大改革開放。

　　20 世紀上半葉的中國，國難深重，民心希望借重於某一強國模式而迅速發展，產生親日、親美、親蘇各派。親蘇派得到蘇聯的直接支持而大勝，於是全面親蘇。80 年後改革開放，改為與全球市場經濟接軌，但上層的蘇聯體制未變。俄帝國時代是不斷擴張的「鬥」，蘇聯時期再加上意識形態的「鬥」：對內與被吞併民族和與反革命鬥，對外為擴張和為世界革命而鬥。對內對外都強調鬥爭和長期備戰。中國歷史與俄 / 蘇不同，但在蘇聯「體制」下，前 30 年對內不斷鬥同胞，對外也擺明鬥蘇

聯敵人的姿態。後 40 年轉變為與世界市場經濟掛鉤，國內也開放若干自由，允許人民「打工」。但對內仍嚴密控制，對外保持親俄反美的立場。

今天任何人到大陸，明顯看到與美國和西方接近的傾向，不見有人提到俄國；官方繼續宣傳蘇式意識形態，顯然沒有吸引力。今後宜改弦更張，改鬥爭為友好，對內對外容忍多元化，建立適合全體國民的中華體制。國家和國民的新目標應當是創造人民的幸福，社會的平等公平。例如不再強調追求宏大壯觀的建設和對外競爭，避免宣揚具有競爭性的 GDP，轉而重視「人均 GDP」和「人的發展 humandevelopment」，追求國民幸福和平等公平的社會。

1.最需要重視的基礎建設是教育，比任何物質建設更重要。教育也正是中國的最大弱點。近代以來，中國人多的優勢，一直被日本的教育優勢壓倒。韓國從日本殘酷殖民統治獨立出來，又陷入慘烈的內戰，但是重視一律平等的全民素質教育，迅速進入發達國家之列。中國人應該以教育落後為國恥。須要以明恥教戰的精神改革教育，提升全民素質水平。

a. 中國大陸到 21 世紀才開始普及小學義務教育，隨後將初中納入義務教育。在那之前，有大量人口失學而為文盲，有大量人口的教育不足初中程度。因此現在中國人口中的大多數（可能高達 70%）的教育水平很低。這 40 年靠他們拼命廉價打工而在產業鏈低端為國家獲得「人口紅利」。今後進入智力經濟時代，需要大量技術型智力型勞工，去創造高端產業鏈的人口紅利。否則，將來會極端缺乏高教育的勞動力，同時幾億的低教

育勞動力淪為失業大軍。美國早已在叫嚷缺乏技術工人，中國的問題更嚴重。

大陸的高中入學率不如先進國家的大學入學率（30% 以上），內地的差距更大。美國新政府計劃將公立大學全免費。相形之下，中國急需立刻籌備將高中教育與學前教育提升為全民義務教育，並制訂大學義務教育的時間表。

b. 為期望在短時期內提升幾億的文盲和低教育國民，有必要為他們設計一種補充義務教育制度，不但教授正規教育的基本學識，並且配合他們的實際需要，教授生活與工作方面的技能，切實產生學 - 用結合的教育功能，迅速提升整體國民的素質和生產力。

c. 在教育上必須改變「少數人先」的政策，致力於將各地各級學校的教育質量普遍提升到全國基本一致；各級學校的教育經費、師生比例和教學設施、教師素質，全國必須基本平等。各級民族學校的程度一般比較差，形成民族歧視，必須積極加以提升。對於貧寒地區和家庭，應提供補助。務必使國民的教育平等。教育基建的核心是教師。應大力增建、擴建師範學校和師範大學、調升教師待遇；獎勵優秀教師延遲退休，鼓勵各行各業優秀人士就各自的專長兼任教師教授。

d. 應開放讓教育家為教育而辦教育：鼓勵民辦小、中、大學，研究大學 (如西湖大學)：公、私立學校並舉。同時，可選擇若干大、中、小學試點，撤出黨委組織和黨委書記：讓有黨委和沒有黨委的兩類學校競爭辦學。

e. 新冠疫情促進遠程教學的應用，是全世界的趨勢。應擴大研究和利用網上教學、遠距教學，與課室教學優勢互補。

　　2. 大陸最近初步開始最基本的政治社會改革，目標是：公民平等。4 月出台的解放戶口政策，初步承認任何國民都擁有「戶口權利」，即公民權利。不再是人民離開出生戶口地就喪失一切權利。幾十年來城市對外來打工者不給予「入籍權利」。少數地方有選優吸納少數外地「人才入籍」的辦法。新政策把入籍規定為「權利」，但仍有很多限制。例如新政策只在 300 萬人口以下的城市實行。大城市依靠幾百萬外地人和農民打工，才成就其輝煌，卻不讓他們父母子女同住和子女讀書，是最大的社會性悲劇。上億的留守兒童身心發育不健全，教育差，永遠是底層人口，是悲劇中的悲劇。

　　戶口問題是階級制度和人民分屬地方的制度所造成。階級制度傳自蘇聯：規定農民為次等階級，犧牲農民去為工人階級政權服務，建設工業。屬地制度則是 50 年後所發明：形同封建制度。前 30 年還曾經有身份屬於「單位」的制度，後來取消。階級制和封建制將農民的身份釘死在農村，無論外出打什麼工，都不能改變為產業工人，永遠是「民工」；即使已經失去土地，子女無法回鄉，也永遠是農民和民工。中小城市青年擁有較好的教育，進入大城市打智力工，是中國經濟、特別互聯網業，迅猛發展的勞動主力，也只能是 996 拼命打工而沒有權利。這兩種制度剝奪了至少十億打工族的民權和人權。

　　民工工資低，生活和工作條件最差，沒有家庭生活，沒有福利，健保有名無實（健保很低，並必須回缺醫少藥的農村

去），長時間打工使他們健康不良，傷、病、死亡率很高。年輕的農民工因為工作時間長，工資低，故結婚難。能結婚的往往夫妻分別打工，分住，在城市不能定居，養孩子難，故生育難。死亡率高和生育率低，造成世界上最嚴重的人口危機：人口迅速減少，勞動力斷層式下降，經濟動力將衰竭。

打工族有旺盛的進取心，渴望為改進生活和子孫前途拼搏。一旦他們和子女能獲得良好的教育，享有平等的公民權利和機會，將迸發巨大的新動力、新生產力和創造力。國民的幸福水平才能進入世界的前列。為他們投入的學校、醫保、住房等城鄉建設，將強力刺激經濟的健康成長。從「少數人先」進入「全民平等」，是最重要的社會經濟改革開放。

3. 氣候變化、環境和生態保護，關係著全球人類的生死存亡，也是評判國家的重要標準。全球特別重視中、美兩國這方面的表現。中國是因氣候變化受災最多最厲害的國家，經濟損失也是最大。又因為水、土、空氣全面污染而造成的健康、生命損失，不知道有多少。綠色經濟、資源循環利用、環保措施和國民環保意識、節約習慣，等等，都必須是今後努力的重點。

新冠病毒可能與環境有關。全球疫情爆發後，國民健康和健保成為評判一個國家的新標尺；健保成為新人權。防疫治疫是對國民，也是對國際的責任。必須做到不論居住地點、「身份」，國民一律切實享有平等的健保和免疫權利。

4. 在萬般落後的時期，以集權領導，集中全國人力物力財力，全力追趕某些被視為必要的先進技術，有其投入大，攻堅力強的好處。不過那種辦法，投入產出的效率低，浪費有限

的資源；有舉一漏萬的缺點；並偏重應用科技，忽略基礎研究；偏重工科，忽視文法科；偏重物質建設，忽略「人的發展」。全國損失的機會成本難以估計。結果是表面輝煌，而基本科研與教育落後，社會落後。今後從模仿 imitation 轉為創新 innovation，理應擴大開放，讓人民有追求自我發展，自我攀登的機會，允許民營企業發揮特立獨行的企業精神。政府應立法予以鼓勵和支持，公平監管而不干涉。公、私機制並行不悖。

最近一二十年中國的互聯網經濟發展最快，最主要的原因顯然是：這是新興的領域，不受國企領導和約束，才能夠自由、突出地發展。因此，振興經濟的訣竅是開放民營企業的發展，開放國內外信息交流，創業合作。提升與國外科研和學術研究的交流與國際合作，以期產生新視野、新技術、新企業。中國在集體努力方面已經有相當的經驗；在開放國民獨立研發和創業方面，還需要大力摸索，敢於開放。

5. 意識形態是蘇聯傳下來的。然而蘇聯已經走入歷史，這個沉重包袱應該放下了。前期的意識形態把同胞視為革命對象，一個一個運動都是從不同的角度內鬥同胞。今天大陸內部應該沒有什麼敵人了；應該改「鬥民」為「親民」：致力於同胞間的友愛與團結：學校應減少意識形態的課程，減少黨團活動；對外不再以「特色」自我束縛。兼容乃廣，有容乃大。中國的內外面貌將煥然一新。

6. 改革意識形態，須要同時改革體制內的若干機構，首先是統戰部。統戰的最初設想是為抗日，但很快轉變為鬥國民政府。日本投降已經七十多年，但統戰部至今仍在，權威不斷升

級。毛澤東曾宣稱革命勝利的三大法寶之一就是統一戰線。統戰有助於共產黨打天下，明顯是內鬥工具。但在建政後仍不斷製造國民間的仇恨，分化打擊，卻造成國家民族的重大損失，是負面的統治工具。

不妨舉一個例。2018 年擴大統戰部權力，接管少數民族、宗教、華僑三類國民劃為統戰對象，政府不再有權管理和保護。將來那三類人是統戰分化、吸收、打擊的對象。這是走歷史的回頭路。華僑被規定為統戰對象，令海內外千萬華僑心寒。使外國對華僑另眼相看：懷疑有人被統戰利用。留學生首當其衝，特別被嚴加審查和監視。留學之路增加荊棘。統戰是明顯有弊無利的自我傷害。

「少數民族」一詞來自蘇聯。蘇聯的少數民族都是近三百年征服、併吞來的「非我族類」，所以盡量防範、利用、壓迫，迫遷，目標是消滅。中國歷史上也有民族間的征戰與仇恨，但經歷兩千多年，漸漸完成大融合，矛盾逐漸消解。到清末出現中華民族的概念（梁啟超）。民國接受其概念，採取自然融合的原則。1950 後採取蘇聯模式，所有身份證都註明民族身份，民族分主次。不符合中國的環境，製造不融洽，並給外國指責和分化中國的機會。

統戰部的任務是在同胞之間分敵我，製造懷疑，仇恨，鬥爭，實現黨治的一統。結果是導致社會喪失互信和誠信，破壞國民團結，消耗國力。以統戰觀念和手段對付香港、台灣幾十年，都是失敗。理應讓它走入歷史，讓歷史翻開新的一頁。

內政問題繁雜多端，只能略舉最明顯的幾點。

結論：人類歷史是長期的慘烈爭鬥史。勝敗的因素固然很多，但是制度和文明水準是決定性要素。大陸面臨美國的全面戰略競爭，有必要除舊更新，調整、改革，增進整體民族的體質。誤信東昇西降的宣傳，以為美國和西方在衰落而忽略自己的弱點，盲目自大，乃是自誤。「人無遠慮，必有近憂」。（2021年7月）

五、試談中國因應拜登時期的競爭（二）兩岸三地

拜登政府界定美中關係是全系統戰略性競爭 Systemic strategic competition。比美俄的軍事性競爭更嚴重。這個全面競爭包括經濟、軍事兩個方面，也就是國內國外兩個方面。在國內，拜登要加強本國的基礎建設和產業能力，並與盟國合作，建立以美國為中心的全球產業鏈，特別是高科技的產業鏈，不依靠中國的產業鏈，並防止中國的高科技產業的發展。藉此提高美國的安全。

在軍事方面，主要就是建立印太安全網，阻止中國（大陸）的擴張。其中最重要的前線，是在劍拔弓張的台灣海峽。

台灣是問題的最前沿，但整個問題是兩岸三地。兩岸三地問題不是無解，只在努力。化解中美糾結，主要靠大陸一方的努力。

兩岸三地都是大中華的一部份，但由於歷史的複雜原因，有不同的發展，相互間無法解決分歧而相處。大陸與港、台的關係久已形成尖銳的國際問題，最近更突出地成為大陸與美國「全面戰略競爭」的最前線，有因擦槍走火而爆發熱戰的危險；大陆甚至有人說要準備核戰，那是恐怖的無理性的心態。全球中華同胞都祈望不要自相殘殺，更不要因為自相殘殺而引起國際戰爭。戰爭一起，不到勝負不止，最終導致全面核戰，而戰場在中華大地，其毀滅程度不可想像。

一、香港問題和台灣問題實質上不可分。香港發生的大小事故，被視為是台灣問題的先兆。香港的一國兩制是英國人設

計的：以英國殖民地制度繼續保護其臣民五十年；至於還沒有出生的未來年輕人，並非大英臣民，英國就不管了。大陸需要利用香港來協助改革開放的建設，樂意接受一國兩制，不費一兵一卒順利完整地接收香港。然而，回歸後卻視香港為統戰對象，劃歸統戰部管。一國兩制變成「秋後處宰」的意思：給多活五十年後，命運就按照統戰程序處置。香港年輕人面對那前景，憂心忡忡；在 21 世紀，他們還期望更多的民主權利。同時，大陸在盡量利用香港之餘，急於完全控制香港，加以吸收、消化。2014 年《白皮書》申明：中央決策，香港服從。雙方的不同取向公開化。大陸以統戰的分化手段指香港人不愛國，有港獨傾向，鼓動大陸人把港人視為港獨而仇視，從而嚴厲處理。大陸的處置是傷害了香港同胞之心，並輕易送給外國一個違反國際協議和人權的反中武器。

香港人始終是最愛國的。在英治時期都自認是中國人。改革開放後，是香港人引進資金、技術、和管理方法，更引進港、台、華僑和國際的公司、協助開拓全球市場，才使大陸經濟順利轉型，迅猛發展，從廣東開始，建立了巨大的產業鏈：外國公司將其產品在中國組裝或製造，行銷全世界。俄國沒有香港，沒有人手把手地牽引，就發展不起來。香港人對大陸是全心全意，自然融洽，無意搞獨。香港有言論自由，有開放的國際交流，因此各種聲音都有，不足為奇。即使出現極少數的過激言論，並不重要。大陸本應致力於建立同胞之間的友愛和互信、互助，容忍。對香港大度，能讓台灣放心，更讓東南亞國家放心。相反地，大陸以統戰手段對待香港，台灣對大陸更不信任，

東南亞也加大警惕，嚴防中而更親美；世界各國自然都同情香港，譴責大陸；美國和歐洲盟國隨之決心加強防中的軍事合作。

中英之間約定的一國兩制失去其維持過渡時期安定的歷史作用。放眼未來，中華同胞應集思廣益，創造自己的、永久的一國兩制，即聯邦制，才能長治久安。

二、台灣：大陸為了求各國口頭承認一個中國，付出很大的外交代價，非常不值得，實際上是給自己加了一道金箍圈：自己一念咒就使自己頭痛。近年大陸將武統威脅升級，美國也加強與台灣的關係，其友邦加速派遣海軍聲援。化這危機為轉機的關鍵，只在大陸一念之差：不再把台灣視為統戰敵人，而是視為同胞兄弟姐妹，友愛合作。

拜登了解美國當前國情，並不想打仗，而是要威懾大陸不可動武。新設的國防部聯繫小組的任務，明顯是為台灣危機做軍事準備。國防部長和國務卿都幾乎是第一時間訪問日本，日本首相是第一個訪問美國新政府的外國政府首長。顯然有所安排：由日本出面打前鋒，美國在後面支持。眾院外交委員會提「台灣＋法案Taiwan PLUS Act」，把台灣與日本、澳洲、新西蘭、韓國、以色列同列為「北約＋」成員，建立北約式的國際軍事聯盟。法案是否會成為立法，視大陸是否能夠在近期中緩解台海危機。

緩解的主動應在大陸。首先應改變統戰鬥爭的心態，以包容，容納、親愛的心態對待台灣。強者不懼，強者有容。比武統能得到更真實的統一。武統是擴大分裂，殺戮自己同胞，包括優秀的世界級科技人才，並毀滅台灣的經濟，包括世界先進

的半導體產能，將是大中華的重大損失，進而影響全世界的經濟，引起世界性的反對，給大陸的外交和經濟帶來困難，以及軍事威脅。

大陸宣傳：打台灣必然一舉成功，台灣只會挨打而不會還手。大陸總兵力遠勝台灣，但是國境四面八方都不安全，可能抽調攻台的兵力其實有限。台灣的戰略地位，對東南亞和日本、澳洲都重要，他們都想保台。在各國要求下，美國不可能從對台灣的自衛承諾退縮。美國顯然正在援助各國，使各國為自衛而幫助台灣。其中主要是日本。大陸一旦攻台，敵國眾多，戰火將不僅限於台灣，那將是全民族的災難。

大陸一貫假定：美國也是只會挨打，不會還手，一挨打就會驚逃。美國在韓戰和越戰都不敢打進中國大陸本土，在烏戰也嚴禁烏克蘭打進俄羅斯本土。顯見美國懼怕引起世界大戰。但這顯然是大陸的嚴重誤判。大陸如果有任何試探性動作，極可能使美國乘機傾力反擊，顯示其保護台灣以及保護東南亞的能力，藉以鞏固其亞太和歐洲的盟友陣營。

大陸應公開宣示永不採取武統方式。進一步可以建立兩岸軍事互動的機制，建立互信。必要的海空軍事訓練和調動靠近台灣時，事先向台灣通報，避免引起誤會。

其次，不應對台灣進行任何經濟制裁。事實證明：國際經濟制裁的效果都是負面的：受害的都是老百姓。對自己同胞搞經濟制裁更是惡意，使台灣人反感，不可能因恐懼經濟損失轉而親陸。台灣有開放經濟和海洋優勢，制裁也不會成功。

台灣的年輕輩沒有大陸情結，聽到看到的是大陸的統戰威脅和敵意宣傳，自然不可能對大陸有好感。近年台灣的民意調查顯示，民意越來越疏遠大陸。這是真正的危機。大陸應該警覺，有責任盡快改變策略，爭取民心，而不是威脅，恐嚇，逼統，制裁；應約束對立和仇恨的言論。統戰部的「和統」宣傳實際上變成武統威脅：「不和統就武統」，「敬酒不吃吃罰酒」，產生反效果。民心不服，即使武統成功，將無法統治，屆時台獨勢力才真正不可收拾。不可能套用 1950 年後的辦法，關起門來肆意消滅和徹底教育改造。

反觀日本，數十年滲透台灣的社會經濟教育各方面，親善友好，幫忙協助，贏得人心。人們不覺得日本危險，而覺得大陸危險。不防日而「防中」，沒有去日本化而有去中國化。日本不用威脅，不擺架子。台灣人與日本來往，不感覺有安全問題；也不必作什麼表態，不必擔心言行會惹怒日本。日本人隨便到台灣，台灣不擔心會有什麼陰謀。台灣的國外新聞，以日本新聞最多，而且是友好報導。相比之下，大陸是贏了？還是輸了？日本海空軍整裝待發，就等待台海發生擦槍走火，給他漁翁得利的機會。

為增進兩岸關係，簡單易行的辦法是開放胸懷，給台灣增加國際空間，近的參加南海的合作機制、聯合海巡隊、聯合航空識別區、東南亞和 RCEP 的自由貿易圈、產業鏈、供應鏈等；遠的參加聯合國各專門機構以及其他專責委員會等。大陸給台灣解套，也是給自己解套，讓外國不能打台灣牌。台灣在國際上不會與大陸競爭，卻勢必是大陸的助力。放鬆台灣在國際上

的束縛，不表示大陸沒有能力，反而因為顯示大氣和自信會提高大陸的威望。大陸不是退一步海闊天空，而是進一步海闊天空。以台灣為橋樑，擴大與美國和西方溝通、交流，使中、西兩大科技、產業鏈掛鉤，全世界都得益，而大陸受益最大。

　　兩岸合作，大陸最明智的選擇，應是在國際上接受「中華民國」名號。任何別的名號都必然更難接受，更造成民族分裂，人心分裂，逼台灣走上去中華化。中華民國從辛亥革命以來，中華精神始終是其光輝的標誌，不可能有台獨傾向。四十年來，台灣盡力幫助大陸經濟發展，是同胞情感的充份表現。中華民國對大陸早已沒有什麼野心。大陸繼續視台灣為敵人，是統戰的腐朽傳統作祟。宣傳台灣是台獨，反而促成台獨。統戰成為促成台獨的兩大推手之一（另一推手是日本）。大陸應放心中華民國的存在，視為中華同胞兄弟，才是兩岸同胞衷心的願望。這項正名必須盡快，「台灣」在國際上的知名度超越「中華民國」，不利於中華統一。

　　大陸僵化了「統一」的意義，認為只有我武維揚，以武力定於一尊才是偉業。那是古代的帝王思想，使兩岸三地關係陷於僵局。香港收回後還要搞一尊，使一國兩制夭折，是前車之鑑。中華民族血濃於水，分久必合是自然的。但只能是親和、友愛、平等、合作，共存，多元的統一。關鍵只在大陸領導的一念之間。

　　三、聯邦制：人類文明進入現代，趨向合作與聯合。很多國家採取融合多元共存的聯邦制國體，國際上是許多國家組成聯盟和成立國際組織。聯邦制沒有一定的模式，各國各按其特

殊情況而各設計最適合國情的制度。基本要素就是各成員擁有其特殊制度和運作方式，各取所需，各盡所能，同中有異，異中有同，兼容並包，各安其所，團結合作。聯邦制能達到真正友愛的統一，長治久安。

對大陸而言，聯邦制最理想。不費分文，不費一兵一卒，達到真實統一。沒有自相殘殺而遺留長期仇恨，不會驚嚇東南亞國家，不會引起全世界各國的敵意。港、台有聯邦制的保護，將能夠安心接受統一。港澳台陸在多元統一中合作互助，有 1+3>4 的增效作用，大中華將迸發巨大的活力，創新力，和對外的吸引力。

聯邦乃是共和制的現代版，同時是一國兩制的升級版和永久版：優化，制度化，和永久化。採取聯邦制，大陸不是退讓，不是放棄統一，而是進一步，獲得完美的統一：不是破壞的統一，是建設性的統一。不是帝王的統一，是共和的統一。

大中華的血統、文化、語言、歷史與地理的認同、習俗與生活習慣、信仰、民族感情，是聯邦統一的內在有利因素。大陸應公開明白宣佈，保證在兩岸三地完全同意的情況下，實現聯邦制的和平統一。那是最快的統一進程。揠苗助長，欲速則不達。主動在大陸。如果港、台主動，將被視為笑話。大陸主動，則是勇者大氣，強者有容，敢於開創歷史新頁。

中華有兩千年帝國統一的傳統，孕育了一統專制的政治傾向。但是古代的「天下」遠不如現代的地球大而複雜。今天的中華不可能復古而閉關存在。世界上的國家形形色色；專制極權不可能是未來的趨勢。兩岸四地不同的發展，是民族生命的

宏觀成長，彌足珍貴。聯邦制兼容並包，是最佳選擇。

　　大中華的聯邦制，有待耐心商討，以求其完美。談判需要很長時間，但一旦開始，四海一心，祥和之氣化除戾氣，中華一統的前景便在望。

　　結論：中國大陸即使在發展中國家中，還不能位居前列。靠著體量較大，以專政集中人力物力完成一些物質建設，但重大的制度性缺陷造成社會經濟中隱憂重重。尤其使兩岸三地問題陷於僵化，更成為國際爭端的火種。中華民族正面臨關鍵時刻：建立今後大中華和平共處的長治久安制度，化解可能引起國際衝突的危機。聯邦制的開放與多元社會，內部會產生種種的爭議，但國民應學會應付在平等合作中的爭議，在化解爭議中增強體質，以應付更複雜的國際環境。封閉的單一社會沒有「免疫力」。中國因應美國的競爭，需要深遠的內政改革：擴大改革開放和建立兩岸四地的聯邦制。體制健全，才有競爭力。這將考驗大陸政治家的智慧。（2021 年 8 月）

六、試談大陸迫切的人口下降問題

聯合國宣佈，今年，2022年，11月15日，全球總人口突破80億。但富庶國家普遍生育率降低和老齡化越來越嚴重。到2050年，發達國家的總人口將減少，老齡人比例將升到50%。

中國未富先老，同時生育率下降特快。重視人口問題的先驅易富賢說，人口減少和老齡化是中國最大危機。現在中位年齡是42歲（印度是28歲），到2035年是49歲，2050年將高達56歲，社會的生命力衰竭，生產力急降，生存都有問題。

1. 數據：上海社會科學院的研究小組預估，2021年以後，中國人口將以年均1.1%的速度下降，到2100年，總人口將降到5億8700萬。

社科院2019年1月的《人口與勞動綠皮書》稱，1980年代的婦女生育率是2.6，高於替換死亡率的2.1。但2021年降到1.15。降率幾乎60%。

統計局、衛健委的資料稱：2016年至2021年新出生人口數連年下降，從1883萬、1765萬、1523萬、1465萬、1200萬、降到1062萬，五年下降44%。以淨增人口計，2017-18年為530萬人，次年467萬，到2019-20年只有204萬。兩年陡降62%。

關於初婚人數，統計局《中國統計年鑑2022》稱，2013年初婚人數曾達2385.96萬人，2021年降到1157.8萬。八年降51.5%。

就以上幾個隨機取樣的數據看，中國人口問題確實極端嚴重。二三十年後大多數是老人，生產者少，怎麼養活？

2. 生育率低的原因：大城市有戶口的中產層居民生育率下降的原因，與其他發達國家相似：a. 育齡婦女數量減少，婦女晚婚晚生育；b. 職場競爭激烈，婦女生育在職業和事業上付出的代價太大；c. 婚育成本上升，負擔沉重，生育意願下降；d. 婚戀和子女觀念變化等。

中國整體沒有脫貧，卻未富而不育，還有其特殊的原因。

a. 佔人口大比例的所謂底層人口，與城市中產階層的觀念不同，一般比較願意保持自然生育率。但大陸有兩個制度，挫折了他們的生育意願。一是階級制：「農民階級」地位最低，收入最少，而階級身份不能甩脫，外出不論在工礦業、交通業、建築業、服務業打工，仍是農民，不能獲得工人階級的身份和權利福利。二，身份屬地制，通稱戶口制：規定祖、父、子、孫世世代代相傳，永遠不改變籍貫和身份。任何人離開本籍地點出外打工，就成為沒有身份的人，沒有戶口，沒有當地居民的一切國民權利和福利。這兩個制度鎖定農民世世代代是農民，他們打工通常都是加班加點才掙得一份維持最低生活的工資，成家育兒有一層層的困難，因此生育率低。

農民和農民工佔人口 70% 以上，他們沒有工作保障，工資低，工作時間長，夫妻往往不在一起打工。在城市甚至沒有居住權利（隨時可以被趕走），沒有醫療權利（農民醫保限於鄉下；他們無法回鄉看病，而且醫保很低，鄉下又缺醫少藥）、子女沒有受教育權利（無權上居民學校，只能送回農村成為「留守兒童」。留在農村的祖父母或親戚長輩往往教育程度低，不能好好教育孫子女）。農民工不能與子女在一起，子女身心成長

都受到殘傷，未來也只能打工，使他們揪心。維持留守兒童的負擔又重。這些沉重的因素使他們的生育願望大大降低。留守兒童成長後仍是打工，他們知道自己的子女將來又是留守兒童，命運可憐，生育願望更低。

打工的工作和居住環境多半不良，傷病率高，死亡率高。打工者人口消耗很大，因此勞動人口和生育人口都在減少，使總人口下降。

b. 中小城市的人同樣受「戶口制」的限制。他們出生在城市，可以得到較好的教育，高中、大學畢業生較多，能夠去大城市從事技術性和白領類的工作，但同樣是沒有身份，沒有各種權利，也不得不超時拼命工作，美稱為 996 文化。（一週工作 12x6=72 小時，以雙倍時間工作掙一份工資，與農民工類似）。青年超時工作過勞而死的新聞時有所聞。他們是各種巨大建設和互聯網業迅猛發展的中堅力量。兩種打工族羣創造了「人口紅利」，「中國奇跡」，也摧毀了他們的生活幸福和生育願望。中國乃陷入「未富先不育」的危機。

c. 還有一個特殊原因：土地全部是各級黨政政府壟斷所有，特別拉高價格。官家再與建築商共同壟斷建築業，房價居高不下。官、商穩穩成為巨富，但年青人便買不起住房。沒有身份的農民和打工族更難了。

d. 一胎化政策雖然已經過去，但 30 幾年的無情一胎化不僅壓低了生育率，還造成一兩代沒有兄弟姐妹的孤獨人，家庭概念變異。黨政繼續管制生育，一胎後限二胎，再限三胎，年青人感覺生育權和家庭權隨時會被控制，影響他們的生育意願。

3. 解決嚴峻的人口問題，需要採取根本的制度性措施：

a. 解除農民、農民工、和離開出生城市打工的所有人口的身份限制：即解除階級和地籍兩種不平等制度：全國國民應一律平等。所有打工者的全家都應該擁有在全國任何地點居住，工作，生育，教養子女和子女受教育的國民平等權利。以法律和實際措施保障他們確實獲得國民權利和福利，讓他們養得起子女。生育率必然上升。

b. 為達到以上目的，必須從根本做起，即提高教育，以提高生產力和工作收入，才能提高養育子女的能力，提升結婚生育的意願。

幼兒園階段和學前教育都應該納入免費義務教育，以便生育的母親能夠及早回到社會工作。母親照顧子女是最好的，但付出巨大的機會成本。婦女不能工作也是全社會的損失。為提高教養童幼的質量，必須正規培養幼兒園和學前教育的專業保姆和教師，使 3 至 7 歲的兒童能夠得到適當的身心教育和啟發，使年青父母放心托付，而社會得到優良的新生代兒童。高中也必須納入義務教育，使貧窮家庭的子女能免費獲得高中級教育，而不是初中畢業就去打工。

由於 9 年義務教育到 21 世紀才得以實行，社會上文盲和低教育的人口眾多，必須推行一種補充義務教育制度，將所有低教育的國民全部提升到高中程度，提升所有底層打工者的養家能力。同時，由於科技進步迅速，原來曾經受過較好教育的人，必須不斷跟進新科技的發展，因此，必須建立完整的終身教育制度，使所有的人能不斷學習新技能，趕上時代的需要。老年

人擁有技能，能延長工作年限，化社會負擔為對社會貢獻。

提升教育，提高生產力，改革 996 文化，職工有時間照顧生活，家庭，以及生育兒女。老年人能幫助照顧孫子女，退休後也能夠繼續從事社會的育幼服務。減輕老齡化問題。

c. 建立照顧生育的社會福利制度：先進國家有許多這類福利，因此「幸福指數」高。如規定 8 小時工作制，最低工資制，加班工資制等；更為提高生育有種種立法，如：1. 男女平等，使婦女增加收入，有事業前途，有能力幫助家庭養育子女；2. 建立對生育母親、父親的生育假制度；3. 建立對生育母親的育兒假制度，使母親可以在子女進入幼兒園之前，全時間在家養育子女，不損失工作職位和事業機會；4. 完善全民平等的醫保制度；5. 為生育的家庭建立減免稅、費辦法；6. 採取近年來遠程上班的辦法，讓生育父、母能輪流在家工作，兼顧事業和家庭。先進國家正在醞釀推行每星期四天工作的制度。這些都可參考。

d. 隨著社會經濟進步，生育率自然會降低。有教育的年輕人會自己規劃家庭和生育，黨政不必管。應該明確立法，不再控制生育。年青人確定生育權不會忽然被干預，能提高生育意願。

e. 提倡三代同堂：現在的年青人工作強度大，壓力大，顧家的時間少，特別需要孩子的祖父母來幫助照顧嬰幼子女。祖父母與子、孫輩同住，可以得到較好的互相照顧。三代同堂對養老和育幼都有益，接近中國的傳統家庭觀念。需要為此設立種種鼓勵辦法，如減免三代同堂的稅、費，建造三代同堂的公寓和社區設施，為祖父母安排工作機會，和退休後參加社會性

育幼和服務的機會等。

　　f. 鼓勵移民：大多數發達國家有鼓勵外來移民的做法。歐美許多國家都接納移民，以保持經濟發展的活力和綜合國力。美國每年入籍的移民近百萬，持綠卡工作的人數近千萬；因此人口仍在增加，經濟也活潑。各國還利用移民政策吸收本國需要的人才和人力。中國雖然人口多，仍有兩個重要理由需要外來移民：1. 亟需引進高教育、高科技人才，有助於使中國加速改變低教育水平的命運。2. 由於男女比例失調，有剩男 3500 萬。他們沒有機會結婚，也就沒有機會生育。需要吸引外來婦女移民，讓外國年輕婦女在本國不能得到平等機會時，願意到中國來讀書和就業，創業。同時，鼓勵男子移民出國找適當的伴侶。為了鼓勵移民來往，大陸需要提升教育和工作機會，才能吸引移民，剩男也才有本事移民出國成家立業。

　　g. 研究助理家務的機器人 robotnannies，幫助家務和照顧幼兒和老人，節省婦女和家人的時間。

　　h. 解決住房問題。將土地歸還給農民和其他原所有人，會對社會經濟的震動太大，更震動政治體制，至少暫時勢必不可能。但可以設想折衷辦法。例如：將土地真正歸為「公有」，由政府和民間合設獨立的管理機構，不受政治和黨政官員干預，全權按照市場經濟原則，供需原則，透明而公開地管理土地，以防止官商聯合壟斷建築業，從而降低房價。同時建立對低收入階層配發福利房的制度，以落實他們的居住權利。有產者有恆心；有助於提高生育率。

　　i. 最後，也是最重要、最難的，是減少架床疊屋的黨政機

構和人員，刪減各級的政績工程，以便節省出巨額經費，用於落實國民平等和社會福利的各種措施。有錢才能辦事。經費不足則一定產生各種推脫延宕，不能成事。

結論：人口問題是國之大事，不可忽略。農民和中小城市人口的打工族，非常富有拼搏精神，他們願意為子孫的幸福而含辛茹苦，吃苦耐勞，全力拼搏。以美國的移民為例，他們甚至冒生命危險而湧入，就是為了改善子女的教育和命運。移民的第二代第三代果然是美國精英人才的巨大寶庫。各國對即使是非法移民，也給予子女教育和醫療等基本權利，不僅是出於人道主義精神，更是因為移民子女是未來的優秀國民。中國的打工族，猶如在本國內的移民，也是付出巨大犧牲，卻得不到其他國家移民的權利和福利。必須改弦更張：建立國民平等權利的制度，有助於保持人口穩定，更孕育無數的人才。

社會經濟進步，生育率自然下降。中國人多，慢慢減少一點不是問題。但目前急劇減少則是民族生機的快速萎縮，也暴露了體制中的嚴重危機，務須及早解救。本文提到的幾點，不過是老生常談。必須集全國精神、人、財、物力，切實做到。晚一天改革，就是多一天在扼殺民族的命運。（2022 年 12 月）

七、試談快速挽救經濟：提升教育

全世界都在面臨重大的經濟危機。先有新冠病毒重創各國經濟，無一倖免。俄國入侵烏克蘭，使全球化的國際經濟貿易分裂，重要的資源斷供，產業鏈斷鏈。世界各國經濟都在下滑，再互相惡性影響。中國（大陸）是世界工廠，經濟的下滑是加深世界經濟不安的因素之一。

中國（大陸）近年的發展勢頭已經減弱，眾所矚目的 GDP 成長落到 5% 以下，加上新冠和俄烏戰的衝擊，更降到 1% 以下。於是要求加大投資基礎建設以刺激經濟的呼聲再起。

加大基建投資，對經濟發展有立竿見影之效。但是大陸的物質基建有些方面已經過頭，產生產能過剩，效益遞減，資源與產品浪費，資源分配失調，產銷不配套，基建利用率低，經濟不平衡等問題。而同時關於「人」的投資則顯著落後。當前挽救經濟，應該改以對「人的基建」投資為主，即對教育投資，尤其需要糾正制約教育發展的制度性缺失。

教育「製造」的「產品」是「人」，不會像物質建設和物質產品那樣隨時間而老舊朽壞。教育使人產生自我增值 value-added，並隨時間而自我不斷進步，成長，人的「價值」累積增高。全社會從而增加人力資源的總財富。提升教育的增效並傳給以後的子孫。父母的教育高，子孫的起步好，他們的生命前景便更好。這是幾何級數（複利式）的長期成長，超過任何其他類的投資，一本萬利。教育發掘國民的潛力，提升生產力和創造力，從而發展經濟，是其他任何發展模式所不可比擬的。

　　和歐美國家相比，中國的政績工程亮麗，高樓大廈到處都見，高鐵世界第一，十億級的豪富數世界第二，但其實總體經濟實力不足，國民人均所得居世界後列，分配不平均，社會貧富和等級懸殊，潛藏的問題很多，需要大力維穩來維持社會安定。歐美雖富庶，但高樓大廈卻較少，人民能享受平等教育和社會福利，生活比較幸福。國民較少為爭升級、地位、子女教育、保健、溫飽這些問題擔憂。聯合國《2022 年世界幸福報告》，歐美國家都位居前列，中國排名第 72。關鍵就是教育水平不高。

　　中國的經濟成長，主要是依賴為先進國家打工，成為世界上最大的打工國。行銷全世界 Madein China 的產品，多是外國設計，外國高端部件，外國品牌的外國貨。原因就是因為中國 70% 的打工者只有初中和以下水平，以雙倍的時間工作而掙一份工資。這種打工發展模式對人力的消耗很大，已經不能持續。所以今後的基建應該是提升教育，提升人的素質。

　　一般以為教育投資的收效慢，其實不然。教育基建和物質基建同樣是立竿見影的。學生讀書，每三、四年就從初中畢業到高中畢業，從高中畢業到大學畢業，從大學畢業到研究所畢業。個人生產力立刻明顯上升。全社會教育水平每增加一年，生產力便能飛躍發展。一個平均高中教育水平的國家，和一個平均初中教育水平的國家，是截然不同的。受良好大學教育的國民多，國家自然而然各方面都達到相當高的水平，躋身於發達國家之列。

　　為挽救經濟，投資教育比任何其他投資更能確實見效。投資擴大教育，以及提高教育質量，可以迅速增加幾百萬人在教

育界就業，更帶動相關的其他就業機會。同時還迅速增加物質基建，從增建校舍、教學設施設備、教職員和學生住房、生活、保健等的設施設備，到企業增生、城鎮增建，交通建設等等。平等的教育投資還能平衡公、民營經濟的發展，緩解城鄉、海陸、地域、民族、貧富的不平等，促進全民的身心健康。

世界銀行的《國民財富變化 2021》報告，考察各國財富的四類「資產」是：大自然提供的可再生和不可再生資產（自然資產）、人創造的資產（人造資產）、人自身蘊藏的財富（人力資產）、以及海外淨資產。其中人力資源一類最重要，佔比一半以上。中國的總資產位居後列，主要原因就是人雖多而「價值」低。中國的自然資源本來就偏低，由於過度濫採，損失嚴重。中國擁有的豐富資源應該是眾多的人口，但是因為教育差，這種可以升高價值的「資源」就蒸發了。物質資源不動用，可以埋藏在地下，留待後人去開採。人不受教育，卻不能深藏保值，其價值隨年月老去而消失，還連帶降低子孫「人」的價值。

中國已經面臨最嚴峻的老齡化和人口減少問題，勞動力迅速減少。除設法提高生育率外，最基本的挽救辦法就是提高全民的教育水平，以較少人口完成較多人口的工作。以提高退休年齡來增加勞動力，需要普遍提高社會教育，使中年人擁有較高技能，延長工齡，繼續發揮生產力。

教育問題早已經是家長、學生、和社會大眾所共知。加強投資和改善教育，涉及許多層面，是增進總體國民素質的大事業：

a. 中國大陸的義務教育現在仍限於小學和初中。世界上其

他中等收入國家的高中基本都是免費義務教育。將高中和中職規定為全免費義務教育，是當務之急中的最急。

b. 學前教育已經被公認為是相當於最重要的育苗階段。中國只有少數比較富有家庭能自費讓子女進學前班的幼稚園。大多數兒童的智力開竅不足，缺乏旺盛的求知欲望，影響他們進入小學以後充分發揮學習潛力，將學前教育納入為義務教育，也是當務之急中的最急。

普及各級義務教育，必須同時重視提高教育的質量。必須規定全國各級學校的各類經費、師生比例、和教學設備都充分而一律平等，不再偏重城市和大城市。偏遠困難地區還應該另有補貼，實現真正的教育平等。

c. 由於遲到 21 世紀才開始普及 9 年義務教育，內地鄉鎮的成年婦女幾乎全是文盲，男子大半只有小學水平。全國整體的教育體質是畸形而薄弱的。有必要設計和實行一種補充義務教育制度，對所有文盲和教育不足的國民，提供相當於 12 年的基礎教育。補充義務教育需要配合成年學生們的生活與工作需要，提供必要的、實用的技能教育。

d. 中國教育中特有的也是特大的問題是：幾億農民工子女的教育權利被剝奪。由於階級制度規定農民屬於二等的農民階級，再由於 1950 後嚴格規定的地域身份制度，將所有人的身份都綁定在父祖輩的原籍地點，農民的子子孫孫永遠不能改變其農民身份。改革開放後，允許農民外出打工，但是農民工和子孫不能獲得城市人的權利與福利，子女不能入學和參加升學考試。還有幾億中小城市的人所受教育較好，他們去大城市打白

領工，卻與農民一樣不能改變外地人的身份。打工者子女被送回「家鄉」（即使家鄉已經沒有家），成為留守兒童，身心成長都受到傷害；不能好好讀書，初中畢業只能打工。幾十年來，他們是經濟帳面上的人口紅利，但實際上是幾億「人的資源」被摧殘消耗了。理應徹底改革：任何兒童和學生都能夠有平等權利在任何地方入學讀書和考試升學，享受與城市學生完全同等的教育權利。

　　e. 民族教育：原來設立從小學到大學的民族學校，立意是使少數民族有受教育的機會。但是幾十年來，各級民族學校質量偏低，形成對少數民族教育和就業的制度性歧視。理應在師資和設備各方面大力投資，提高各級民族學校的教學水平，轉為普通學校。全國各民族教育一律平等，公民才平等，社會才和諧。

　　f. 大陸的教育完全是公辦，由黨委領導，於是產生定於一尊，僵化學習，重視記憶正確答案，同時喪失創新精神和個性教育等等嚴重問題。有必要開放鼓勵民辦學校，將公辦學校的一半轉為民辦，公辦民辦在競爭中提升教學質量。讓教育家辦學，專心為教育而辦學。學校經費仍全部由政府負責充實，以保證經費平等。

　　g. 職業教育是當前教育中的重大弱點。中職和大專學生交三年費上兩年課，第三年稱實習，其實是去打工。學校盡量收學生而不顧教學質量。學生的學習不足，畢業後無法以所學「專業」找到工作，絕大多數只能設法打工。幾千萬的大、中專科學校學生因此被學校所誤，所受教育不足。2022 年大專畢業生

有 1080 萬人。大約一半難以得到合適的工作。其中原因之一很可能是學生所學不能達到招工方面的需求。人才不能充分培養，是他們個人和全社會的痛苦損失。必須徹底改革和提高中、高級職校的的教學。

h. 師資建設應該是教育基建中的重點基建。中國各級學校都有教師不足，班級學生過多的問題。內地有的地方，中小學老師經常缺額達 40%。一班學生多達七八十人。老師還常常被調去上級服務。同時城鄉教師素質差距很大。應擴大和新建師範學校、師範大學和研究所，並全面提高教學水平。有優質教師才有優質教育。師範學生應全部公費。教師是製造最重要產品「人」的工程師，他們應該享有最高薪，在社會上受最高尊重。應鼓勵年輕人以當教師為最佳志願；鼓勵社會上專業人士以兼職做教師教授為榮。

i. 中國只有一位諾貝爾科學獎得主，但卻被評不能當院士，據說理由之一是論文數量不夠。這暴露教育和社會的一個根本問題：重量不重質。學校盡量收學生，賺錢蓋房子；師資、設備、教學計劃都不足。教授利用學生助理做研究，以論文數量的多少評級。大學評級的主要標準是「大」和院系多；越大越多評級越高。大學爭辦研究所和研究中心來提高檔次。突顯出教育和科研的制度性問題，亟待改革。

j. 最後，不可忽略投資國際教育。a. 邀請外國著名大學和研究所到中國來開辦分校，使中國學生不出國門便有機會獲得各國最優秀的高等教育；b. 吸引外國學生到中國來讀書，擴大中國學生與外國青少年的接觸和共同學習的經驗，提高學習效

果，並建立終身友誼；c. 鼓勵公費、自費學生外出留學。

移民也能提高教育。中外歷史上異民族融合都是血戰征服的痛苦結果，現代則有移民融合的途徑。美國就是移民的國家，移民的第一、二代特別活潑有創新精神，舉世無匹。值得參考。

結論：以上任何一項教育投資和改革，都能夠大量增加就業，大量創造生產和消費機會，大量擴充物質的基本建設。教育產業是綠色產業，是最應當發展的產業。全世界都缺乏人才，教育創生的人才，只要質量好，絕不會過剩，出國就業會受到歡迎。教育投資從來不會失敗。

據大陸統計局最近公佈 6 月的資料：16-24 歲城鎮青年失業率為 19.3%。值得注意的不僅是百分比：16 歲是初中畢業年齡，就去打工了，並且加入了失業大軍。而這個數字還不算佔人口大多數的農民和農民工的子女。他們的失業率必然驚人。

第十四個五年計劃仍是重視物質建設。教育只佔到很小篇幅（第 43 章一章）。其中完全沒有計劃將學前教育和高中級教育建立為義務教育。對教育的多方面不平等問題、師資問題、和職業教育問題，都只是籠統提到，沒有具體計劃。關於民辦教育，只有半句話提到。

提升教育已經是社會上的老生常談，但始終沒有得到認真的關注。現在為刺激經濟而投資教育，是一舉兩得。（2022 年 7 月）

八、試談大陸經濟如何健康復甦

最近的各方新聞報導都說中國（大陸）的經濟下滑了，處於經濟緊縮情況。由於主要原因是失去打工國機遇，所以靠自力難以回振。

大陸改革開放四十年，經濟發展突飛猛進，靠的是接受西方國家的投資和設廠，將「中國製造」的外國品牌產品輸回投資國，也輸向全世界。同時大陸建立了與外資企業配套的上下游企業，並輸出自己的產品。於是建立了相當完整的產業鏈和全球進出口關係。在這過程中，獲得大量就業，也累積了相當的資本和產能。黨政政府憑藉掌握土地、資源、廠房、基建，通訊運輸，進出口、行政管理等資源，獲得高額收入，成為世界上最富有的政府之一。這「為人打工」而發展，與農民從鄉下到沿海打工而「脫貧」是同一模式。

由於中國（大陸）仍堅守蘇聯所傳的政治意識形態，與西方對立，彼此視為敵人。當 GDP 上升到一定程度，便口口聲聲要超越美國，要改變西方的國際秩序和普世價值；另一方面，美國主導的西方感到中國要顛覆西方所建立的國際秩序，並且是兼為經濟和軍事的挑戰者，比俄羅斯只是軍事強權更危險。

美國和西方抑制中國的最佳辦法，是釜底抽薪：把國際打工機會從中國轉去其他國家，不再投資中國，並從中國抽出資本，遷出工廠，轉給印度、越南、墨西哥等其他國家，把市場也轉給那些國家的產品。中國失去大量外資企業，本國的上下游企業便面臨縮減甚至關閉的危機，失業上升，喪失購買力，

整體經濟下滑。猶如沿海企業不再僱用某省農民工，他們便會面臨生計問題。

　　大陸一般不統計農民工的失業；中小城市打工族的失業情況也不明，但是大城市和大學畢業生的嚴重失業則成為新聞大標題。經濟下滑使得政府收入減少，財政困難；政府和民間的龐大債務無法償付，發生金融危機。進出口的減少，牽連其他國家的不景氣，引起世界性的關注。

　　除了失去打工國機遇，大陸還有結構性的基本問題。冰凍三尺非一日之寒。最近才暴露出來令人擔憂的，是未富先老和少婚少生。又因為三十年的一胎化政策和農民工死亡率高，形成人口劇減和人口結構失衡，勞動力迅速減少，幾十年後將有生存危機。

　　由於黨政基本不放心民營企業，近年給予重大打擊，國內企業也在緊縮和外移。加深了產業鏈斷鍊、失業、和經濟萎縮。

　　中國仍是發展中國家，收入少，底子薄，儲蓄少，缺少社會福利和保障機制，個人和家庭必須自己設法應付生老病死和各種意外的需要，在這困難時期特別不敢消費，更加深了經濟萎縮。

　　為解決這些問題，需要徹底進行多方面的努力，不是只突破幾個點就大功告成。最基本的是提升全民教育，包括量與質，使高素質的國民有能力解決問題。世界上發達國家都是教育程度高的國家。任何經濟建設，最後都是靠人去完成，人的素質不足，任何方法都是空談。

除提升教育外，應發掘現有的國民潛力，以便迅速復甦。

1. 開放民企。放手讓民營經濟發展，是救經濟和使經濟高速發展的鐵律。大陸承襲蘇聯的制度，注重國營企業，重工業，軍工業，不重視民生經濟。蘇聯的解體證明那是錯誤。俄羅斯是蘇聯的繼承者，三十年來，經濟繼續沒有起色。大陸的體制忌諱民間經濟勢力的興起，近年特別針對互聯網企業加以重手打擊，並以黨建普遍伸入民企，加以控制。民營經濟隨之不振。救經濟的第一要務便應是黨政政權放鬆對民營企業的管控和壓制。

民營企業是從下到上，植根於社會的需要，千千萬萬的人絞盡腦汁，日夜拼搏，尋找機會，因此產生普遍的生機和發展，新思維，新嘗試，在競爭中不斷改進失誤，互相學習，求新突破，日新又新，創造生產和就業，也最能創新、開創新產業，優質的企業逐漸壯大。民企基本能調和、調整各種問題。政府依法規劃管理，維護公平競爭，使經濟健康發展。直到前幾年，大概而言，民營部門的貢獻是：50% 以上的稅收、60% 以上的經濟產出、80% 以上的城鎮就業。

專政領導的決定不允許有異議；絕大多數奉命執行的是「幹部」，結果上下都不免思想僵化，有害於經濟發展。過去四十年採用資本主義，但在黨專政下變成黨壟斷資本主義，黨政不受規章制度約束；官商合作貪腐成風；黨政形成一個利益集團，照顧自身的利益，沒有自我調整的意願，眼光和能力。黨委的「人治」與經濟發展規律是衝突的。近年更在民企中設黨建組織，幹部的任務不是為發展企業，而是為管控；黨委通常不懂

行，產生反效益。

　　同時，應該開放國企，讓民間參與投資和管理。聘請民營企業人士參與管理，提升管理效率，減少浪費和冗員，利用國企的巨大產能而推進民生經濟。國企民企優勢互補，避免彼此的弱點，糾正彼此的錯誤，可以大大提升官、民兩類經濟的活力、創新力、和競爭力，產生利益的最大化。

　　為使民企在國家經濟問題上有發言權，並有權參與決策和管理，需要建立制度上的機制，例如建立民企顧問委員會，由民企公開推舉組成，不但是從最高層以下的黨政顧問，經常定期開會，就經濟問題參與建議和討論，並且其成員有權隨時公開主動提出建議，而且言者無罪。官民依法合作。

　　應修憲將民企顧問委員會列入憲法。雖然憲法實際上並不受遵守，但還是國家大法，有必要將民顧委入憲，成為憲政體制之一。

　　提升民企，就是提升民生經濟，孫中山先生早就主張民生主義，合乎國民真心的需要。民生就是個人、家庭、社會每天每時的生活幸福。

　　2. 提升農民為平等國民：讓農民不受階級制和戶口制（將人的身份鎖定在祖先出生地的封建性制度）的雙重約束，而獲得平等國民的地位，平等權利，平等工作、工資和平等福利，和發揮能力的平等機會。則經濟將得到幾億農民的智慧和拼搏精神的投入，立即勃發生機。農民和農民工是社會的最底層，最苦最無望。他們有強烈的改善生活，改善子女未來的願望。他們有吃苦耐勞的拼搏精神。現在他們潛藏的智慧和能力被拋

棄，乃是最大的損失。

農民工做雙倍時間的工，只得到勉強生活的一份工資。等於是他們貢獻了雙倍的勞動力，或者說他們只得到一半的工資。大陸因此獲得巨大的「人口紅利」，但是農民和農民工的身心受到無情摧殘。農民工在工作地點沒有最低的保健福利，又不敢請假，因此傷病死亡率很高，又因為種種限制使他們無法養家和生兒育女，所以生育率很低。這兩點促成斷層式的人口減少和生育率下降，以至專家們都認為中國未來的經濟必然走向衰退，更談不上競爭力。因此釋放農民農民工的潛能是當務之急。

中小城市的人所受教育較好，到沿海城市能從事技術工和管理方面的工作，在經濟發展中他們是居於中堅地位的精英。但他們同屬「打工族」，遭遇的不平和困境，所受的傷害，與農民工相同。他們也是雙倍時間工作只得一份工資。是他們對996工作制發出不平鳴，才引起社會的關注。他們中有人不堪996工作的壓力，產生「躺平主義」，問題更趨嚴重。他們一旦獲得提升到平等國民的地位，將產生驚人的經濟活力。

按照一個統計，北京2020年人口2089萬，其中外來人口841.8萬，佔40%。外來人口多半是農民勞務工和白領工的打工族。上海的外來工比例不少於北京。東莞是著名的產業打工市，常住人口1053.68萬，有戶籍的只有280萬，其他是打工族。中國在國際上是打工國，在國內則大半人口是打工族：他們是沒有公民地位、權利、福利的次等國民，沒有機會發揮潛力。

提高打工族的平權地位，需要政府大量投資，為他們提供

培訓和子女教育、居住、工作、勞動福利和社會福利建立基礎設施和福利制度。但那些投資都會促發經濟高速成長而高速回收，故總的財政負擔其實不大。

3. 提高婦女地位：男女平等，讓佔人口一半的婦女發揮智慧，能大大提升教育、經濟、和各方面的發展。男女不平等是丟失優秀的人才，是阻礙經濟發展的又一弱點。

有一種學說認為，20 世紀以來，人類的發展突飛猛進，主要原因之一，就是婦女開始普遍參加了社會經濟工作。理論上這能使勞動人口增加一倍，社會發掘出的智慧寶藏也增加一倍。聯合國早有研究，認為推進發展中國家發展最重要的途徑，是提高婦女的教育和參加社會經濟工作。婦女注重家庭，子女，教育，健康；她們富有同情心，強烈期望提升生活的幸福，那是建設社會經濟的重要素質。先進國家都是女權較高，男女平等的國家。

中國婦女在政治、社會、經濟的參與率仍遠不如歐美。例如，美國內閣閣員 24 人，11 人是女性；日本內閣閣員 19 人，5 人是女性。中國有黨、政兩套領導班子，人數眾多，但沒有或極少女性。今年有好幾位重要人物訪華，如美國的財政部長葉倫，商務部長雷蒙多，國際貨幣基金組織總裁格奧爾基耶娃，都是女性。中國對口接待的都是男性。

婦女可以勝任任何工作，不比男性遜色。今年的諾貝爾科學獎中，物理學獎和醫學獎都有女性得獎人。經濟學獲獎者是位女性，她的研究課題正是婦女參加勞動市場的分析。即使在軍隊中，美國陸海空三軍都有女性上將。在智力經濟時代，婦

女的長處更有發揮的機會。

結論：提振經濟，進而發展高效能、全民幸福的經濟社會，需要發掘社會上被埋沒的「人的資源」，發揮他們的生產和創新潛力。因此必須振興民企，重視釋放打工族和婦女的潛力。這些並不需要特別大的財政投入，投入也能很快回收。主要是牽涉到權力和利益的重新分配，需要改變人們的觀念和心態。因此關鍵在於掌握權、錢的階層是否願意高瞻遠矚，為全社會的利益付出短時間的代價，以爭取長期的全民惠益。利人就是利己，最終能獲得更大的幸福。

任何國家都會面臨可以預知的經濟循環和不可預知的重大意外事故，導致經濟衰落。每一個國家如何因應，端視其是否國民素質高，身心健康，政治社會體制完善，全體國民都能夠共同參與挽救和復興經濟的努力。（2023 年 10 月）

伍、俄烏戰

一、試談普京的時代性戰略錯誤

　　普京入侵烏克蘭，遭遇到烏克蘭全民的奮起反抗，勢將陷入泥淖。縱然有絕對的軍事優勢，有精密的全面作戰計劃，並掌握閃電戰的主動，但顯然不能取得勝利。他最大的失敗原因是：他誤判了這個時代的精神：民族主義精神。從 20 世紀開始，民族主義精神使得任何國家都變得不可征服。

　　1. 我們中國人親身經歷的偉大抗戰，就是最大的證明。日本人以絕對優勢進攻，世界上所有大國旁觀，沒有人給中國以援手。隨後蘇聯按照自己的利益和需要而援助中國，讓中國拖住日本不能去打蘇聯，一旦完成與日本簽訂中立條約，便撤回援助。中國艱苦抗戰四年半，美國才開始正式協助中國。但美國的全球戰略是先歐後亞。中國仍苦撐戰鬥。蘇聯最後參戰 8 天，不是為幫助中國，而是為掠取東北豐富的戰利品。日本為侵略中國，處心積慮研究中國，對中國方方面面的了解勝過中國人自己，但就是忽略了民國以來中國人旺盛的民族精神，和全面抗戰的決心。中國抗戰的勝利，就是靠自己民族主義精神支撐的奮戰。

　　2. 世界三大文明古國之一的印度，人多地大，文化、經濟

都有深厚的基礎，但由於歷史的原因，逐漸淪為大英帝國的殖民地。到 20 世紀，印度人爭取獨立的運動蓬勃發展，形成不可阻擋的力量。印度人不可能對抗大英帝國的軍事力量，採取不流血的不合作運動反抗殖民統治，最終也是依靠堅韌的民族主義精神，在二戰後獲得了獨立。

3. 二戰後，世界各地殖民地紛紛爭取獨立。有的國家完全沒有自治的能力，建國和治國的過程艱難，但是民族主義精神澎湃不可阻擋。殖民地大國都只能放手。非殖民化運動產生了100 多個新興國家。民族主義無論在大國小國，一樣不可征服。

4. 二次大戰給蘇聯擴張的機會。蘇聯帝國我武唯揚，手握意識形態的權杖，建立了世界上龐大的兩大壁壘之一，氣勢無限，宣稱要消滅所謂資本主義世界。但是蘇聯實際上仍是帝國主義國家，對內對外都採取俄羅斯帝國加蘇聯帝國的統治方式，激起各附庸國和加盟共和國的民族主義精神，各國暗中都心懷不滿。1991 年有了機會，十五個加盟共和國全部獨立出去，連俄羅斯也拋棄共產黨，回歸傳統俄羅斯本色；外部的附庸國也散伙了。那些國家唯一擁有的最大武器，就是民族主義精神。

5. 蘇聯解體，冷戰結束，美國成為唯一的超級強國，不但我武唯揚，而且高舉民主、自由的大旗，想要改造伊拉克、阿富汗，還干預其他國家。美國以無比的軍事力量，並得到眾多富強盟國的協助，但到處干預的結果，竟是完全失敗。最後匆匆撤出阿富汗，結束了美國干預的時代。美國自居普世價值的道德高位，但是在民族主義精神面前，也只能退避三舍。

6. 在美國之前，蘇聯曾經以雷霆萬鈞之力，以最先進的陸

空軍，憑藉居於鄰國的地理優勢，攻打還沒有進入現代國家之列的阿富汗，結果徹底鎩羽而歸。這個前車之鑑，美國竟沒有看到，重蹈覆轍。今天的俄羅斯顯然完全沒有汲取那些歷史教訓。沒有反省美、蘇兩強在阿富汗的前車之鑑，也沒有反思蘇聯解體的意義，沒有認識民族主義精神是不可征服的力量，在烏克蘭再度犯錯。

7. 普京要征服烏克蘭，計算軍事力量和先進武器，絕對是十拿九穩，卻沒有了解烏克蘭的民族主義精神。

烏克蘭民族自古就是戰鬥民族。俄羅斯帝國的兩百年擴張，是人類歷史上的「偉業」之一。其東征西討的主要戰鬥力，就是以烏克蘭為主出身的哥薩克人，哥薩克騎兵。我國東北被他們奪去幾百萬平方公里，有切膚之痛。今天俄羅斯面積雖然因蘇聯解體而失去西部南部不少的征服土地，但遠東部份一分一寸都沒有減少。俄羅斯國土面積仍有 1700 萬平方公里，世界第一。俄羅斯人有這份遺產，應思烏克蘭人功不可沒。烏克蘭人在蘇聯時代也是軍事建設的大功臣，但在蘇聯體制下被視為「少數民族」，二等公民，經歷種種慘痛的迫害和傷痛，滋生了自己的民族主義，不願再被俄羅斯利用。1991 年和其他加盟共和國一道，獨立自主了。今天的烏克蘭人是自己的民族，在俄羅斯威逼攻擊下，更爆發了不屈不撓的民族主義精神，全民奮起抵抗侵略，是民族主義精神最近一次的發揮威力。

8. 烏克蘭有西歐、中歐、美國的支援，與中國抗戰時期的被封鎖情況截然不同。烏克蘭獲得眾多西方國家的外交和經濟支持，和西方對俄國的經濟制裁，居於愈戰愈強的態勢。西方

還將樂於按照他們的需要，針對俄軍武器研製新武器，使烏克蘭人漸漸贏得反擊優勢。烏克蘭政府已經命令全國男子拿起武器抗俄。新聞報導，烏克蘭男子踴躍參加正規的和自發的種種抗俄戰鬥行列。在世界各地的烏克蘭移民，也有錢出錢有力出力，參加抗俄戰爭。有的人回國加入戰鬥。和抗戰時的華僑一樣，也和以色列建國時的世界各地猶太人一樣。這樣的民族精神不可征服。而俄國國內，似乎支持侵烏的民眾並不踴躍，而反對的聲浪卻在上升。可能發展為類似於冷戰後期美國國內的激烈反戰情緒。時間有利於烏克蘭。

9. 俄羅斯入侵軍 15 萬，不可能有效佔領烏克蘭的 60 多萬平方公里領土，臣服烏克蘭 4200 多萬的人口。最多是佔領若干城市，廣大鄉村和中小城鎮，將仍在烏克蘭政府和游擊隊、民兵的控制之下。烏克蘭人口中約 17% 是俄羅斯人，很大部份住在烏東兩省中約一半的地區，他們是親俄的。在其他各地的俄羅斯人，不知道有多少人會願意成為俄國的傀儡而與俄國合作。但他們是少數，那種烏奸性質的合作是否能夠幫助俄羅斯有效治理，很可懷疑。

10. 烏克蘭人將從西方源源獲得高科技武器，對俄軍進行阻擊戰、破壞戰、游擊戰，包括打城市游擊戰。破壞俄軍的運輸線，截斷俄軍的後勤補給、燒毀軍火庫、油料庫、干擾電子通訊；還可以進入俄羅斯境內進行破壞活動。烏克蘭會得到打擊坦克、飛機、機場、軍事要地的武器，以及刺殺俄軍官兵的狙擊手武器。俄軍將面臨草木皆兵的困境；落單的小部隊，將面臨被烏克蘭軍民圍殲的命運。近代歷史證明，在本土以游擊戰配合正

規軍作戰，足以使強大的入侵軍陷入泥淖，進退失據。最後的結果將是：俄國贏得戰鬥，輸掉戰爭；贏得短暫表面的勝利，失掉烏克蘭和烏克蘭人的長期友誼。

11. 普京藉口烏克蘭要加入北約而對俄國形成安全威脅，那是沒有邏輯的。現在進攻烏克蘭，恰足以證明俄羅斯才是對烏克蘭的安全威脅。烏克蘭更有理由尋求加入歐盟和北約。不僅如此，俄國周邊的其他國家，看到烏克蘭的厄運，勢必將積極尋求加入北約，以期獲得保護。普京不可能一個一個去打，打也不可能打贏。普京攻打烏克蘭，恰恰喚起烏克蘭和其他鄰國的民族主義精神，是普京不認識時代的戰略性錯誤。

12. 新聞報導，普京威脅要使用核武器，並且命令戰術型核武器部隊備戰。普京如果使用核武器，將再犯兩大國際罪行，一是違反各種國際禁核條約，開啟最危險的核戰爭；二，以核武器攻打無核武國家，更必然引起國際普遍的強烈反對，與全世界為敵，並很可能激起國內的反戰運動。即使僅使用所謂戰術型小型核武，烏克蘭的鄰國也會受到池魚之殃；普京將使朋友變成敵人。俄國在常規武器上穩佔上風，沒有必要使用核武器，使用了反而得不償失。普京如果還清醒，應該理解以核武威脅不是制勝之道，反而會給俄國帶來長遠的禍害。

13. 報載，普京說，烏克蘭是俄羅斯不可分割的一部份。如果他果真有那樣的雄心壯志，他應當認識今天的時代是21世紀：不可能學彼得大帝以下的歷代沙皇，以征服、詭計、和殺戮，再建龐大的現代版沙俄帝國。帝國的時代，已經永遠走入歷史，不再可能了。將來的時代，應該是平等，公平、友愛、互助，

合作的時代。能夠團結最大多數人，有兼容多元並包的心胸，才是未來的「偉人」。普京對這一點顯然也沒有認識。

結論：普京對時代精神的錯誤認識，是給今後侵略者的重要啟示：民族主義是不可抗衡的力量，國際問題必須在平等與和平中解決。應該通過聯合國和其他國際機構，以公平、平等、理性的談判解決。

祝願世界各國以普京為最後一個前車之鑑，理智地認識：世界上各民族都已經覺醒，要獨立自主，不會屈服於強大外國的侵略和征服，不會俯首接受外國武力的迫害和統治。強大如日本、德國、蘇聯、美國，攻打遠比他們弱勢的國家，一個個都以失敗告終。今後，任何國家和民族，都不可能被征服，被異國統治。期望所有的國家，不論大小，不再以殺戮，毀滅手段去達到目的，或解決他們眼中的問題。世界應進入和平合作的階段，人類應不再自相殘殺，轉而團結合作，應付共同的迫切問題，如氣候變化、生態危機、地球資源耗竭、病毒傳染，以及各國內部種種盤根錯節的不平等問題與社會危機。什麼制度能夠最好地處理和解決那些問題，人民生活最幸福，什麼才是人類未來最鍾愛擁抱的制度。（2022 年 3 月）

二、汲取俄烏戰爭的教訓

俄烏戰爭是冷戰後牽動國家最多的最大戰爭，打了兩個多月，俄國不能迅速攻下基輔和幾個主要城市，不能消滅烏克蘭的軍隊和抵抗意志，便改變戰略，將搶奪和鞏固烏克蘭東部和東南角的領土，據為己有，同時以長距離的飛機飛彈轟擊城市，企圖摧毀民生經濟而挫折烏克蘭的鬥志，也牽制烏克蘭的軍力。俄國軍力和軍備龐大，足以不斷增援，保持主動攻擊。烏克蘭依靠全民抵抗的精神和西方的武器彈藥支持，以本土游擊戰術使俄國陷入難以全勝的泥淖，有能力長期抗戰，但不能攻進俄國。雙方進行了五次會談，沒有一方能強迫對方接受己方的條件。目前戰勢和前景都不明朗，但是旁觀者已經可以從這兩個多月的戰事中汲取若干重要的教訓。

第一：用武力征服的時代已經過去了；武力不可能完成征服。歷史證明，現代民族主義是不可征服的。大量殺傷和毀滅不可能挫敗弱者一方的民族主義精神和戰鬥意志。我們中國的抗戰就是最好的證明。二戰後幾次大國強權對弱小者的軍事攻擊也都不能成功。小國還能得到外國支援，堅韌不屈。戰爭曠日持久，大國計窮，只好退出。蘇聯和美國先後入侵阿富汗，結果都鎩羽而歸。其他戰例的結果類同。無論帝國主義時代的船堅炮利和物質文明，或共產主義的意識形態，或自由民主的普世價值，在全世界各民族普遍覺醒的時代，都不能發揮我武唯揚的作用了。民族主義鼓舞人們為爭取獨立自主，不惜拋頭顱灑熱血，不計犧牲，拼死抵抗，是不可戰勝的力量。今天，已經不再有可以征服的弱小國家了。俄國依循傳統的軍事征服

手段入侵烏克蘭，顯然犯了時代性的錯誤。

許多國家內部也出現不同民族的獨立訴求。發生許多內戰，有的持續十幾年幾十年無法解決，即使先進國家也難免。是非對錯無從公正判斷。曾經輝煌的大英帝國的本土三島中竟出現蘇格蘭獨立運動。倫敦不敢用武力解決，避免自相殘殺而加深民族內部的仇恨。至今得以避免分裂，顯示其政治制度和國民比較成熟。俄羅斯聲稱烏克蘭是他的一部份，有權去打他。但是那種父母可以打自己小孩的思想也是過時了。今天所有國家的法律都不允許父母打小孩。何況，國與國間，誰是父母，誰是小孩，複雜的歷史也無法給出明確的答案。

第二：孫子說，「上兵伐謀」，「不戰而屈人之兵」，在這次俄烏之戰中得到實踐。歐美都節制，不直接以武力對抗武力，避免引發第三次世界大戰，轉而採取經濟制裁和提供武器彈藥的方式協助烏克蘭抗俄。看來確有助於阻止俄國獲得勝利。

想要不戰而屈人之兵，必須有謀。在今日複雜的國際關係中，應該在國際上建立朋友多，敵人少的格局。美國拜登上任後就大力恢復被前任特朗普所撕裂的各方盟友關係，主要是加強與歐盟和北約的合作，那正符合歐洲國家的期望。美歐集團形成對俄羅斯的絕對優勢，足以不戰而屈人之兵。相形之下，俄國便缺乏這一謀略。前蘇聯和東歐集團內的各國，都對俄羅斯深具戒心，紛紛投向歐盟和北約，以求自保。不是北約東擴，而是東歐西靠。不僅政府西靠，民眾也「用腳投票」，向西移民和發展，不去俄國。這次最積極支持烏克蘭的便是原來東歐集團的成員，他們恐懼烏克蘭如果不守，隨後就輪到他們。他

們成為協助烏克蘭的前鋒。俄羅斯只有白俄羅斯一個盟國。中國雖然因為普京參加冬奧而給予回報，同意普京採取「特殊軍事行動」，願意無上限合作，但是考慮到不能切割與全球的經貿關係，援俄有顧忌。

為積極鞏固朋友羣，美國總統頻頻與各國元首通話，國務卿更僕僕風塵，到處訪問。都是謀而後動的佈局。中國顯然也漸漸注意到這個訣竅。習近平忽然與英國首相，南非總統、柬埔寨總理以及還沒有上任的韓國統統當選人尹錫悅通話。外交部長王毅緊接出席在巴基斯坦的伊斯蘭合作組織外長理事會之後，立刻去訪問阿富汗和印度。是同一思路。

俄烏美歐的下一步努力，可能是轉向聯合國去爭取更大多數國家的支持，以取得最佳的和平協議。俄烏都堅持《聯合國憲章》的宗旨和原則，即尊重和保障各國的主權和領土完整；只是解釋不同。在聯合國爭取最多的信任和最多的朋友，將來可以得到最有利的協議，而且通過聯合國的調解不失面子。

第三個教訓是：建立經濟貿易密切關係，是建立國際友誼的要素。經貿不僅是政府間的關係，更是民間經濟一體化和民間人際關係的紐帶。在全球性產業鏈，供應鏈，大規模集體合作的時代，沒有一個國家能夠完全自給自足。大自飛機、汽車、互聯網產業，小至衣服、玩具，全是多種甚至千百種的專利設計、部件生產的合作成果。正如任何國家都不可能產生所有的科學家、發明家、企業家，也沒有任何國家可能擁有一切必要的資源，所有的經濟、科技、文化、軍事產能。因此各國都必須大量與其他國家密切合作，你中有我，我中有你，利害與共。

擁有與世界上最多密切友好關係的國家，便擁有最優越的實力，才是上上策。俄羅斯地大物博，是世界上唯一敢稱自給自足的國家，不怕經貿制裁，還擁有兩洋一極的戰略優勢，游刃有餘。所以敢於用兵。然而正是因此犯了最大的戰略錯誤，友邦少還在化友為敵。

以任何脫鉤分化的手段，製造我方自給自足的陣營，也是損人不利己的錯誤戰略。

應汲取的重要相關教訓是：不可輕易使用經濟制裁。經濟制裁和軍事攻擊都是廝殺的利器，但能夠傷人也會傷己。殺敵一千自損八百的公式同樣適用於經濟領域。經濟來往是建立利害一體關係的基礎，利人利己。一旦制裁，便適得其反，不僅傷害敵人，也傷害自己，傷害友邦，還傷害其他國家，擴大負面效應。必須特別慎重。

經濟制裁往往打擊不了敵方的政府，卻傷害對方的無辜老百姓，失去最寶貴的民間友誼。美國特朗普時期，對外隨便進行經濟制裁，尤其以中國為第一打擊對象，結果傷害美國自身的經濟，把本來密切的經濟夥伴推為敵人，形成對美國的長期性傷害，非常不智。中國誤學美國，對澳大利亞經濟制裁，也是不智。起因於澳大利亞主張調查新冠病毒的起源。這本來是科學性質的調查，無關政治，理應坦然贊成，歡迎並參與調查。但中國小題大做，對澳洲大舉制裁，禁止進口煤等重要商品，結果反而使中國市場產生重大失調，損失慘重。更促使本來關係良好的澳洲感到有中國威脅，便響應美國的號召，成立四方安全對話，儼然是亞太北約的雛形。

華人談華人的議題，從以上三點出發，引申出幾點聯想。

　　1. 中俄中美關係。由於歷史、地理和經濟原因，中國絕不能與俄國交惡。俄國對中國是重大的軍事與戰略威脅，但中國依賴俄國的武器、能源、資源、糧食、以及需要租用俄國遠東區的耕地種糧，必須謹慎保持中俄友好關係。但又不可過於偏靠俄國，與美國和其他西方國家的關係惡化，其後果是中國不堪承受的。中國不能失去全球化提供的資源、技術、產業鏈與市場。中國還必須與美國和全世界合作，處理人類共同面對的重大挑戰，如氣候變化、地球生態惡化和資源消耗、病毒防治，等等。中國在這些自然災害中是受災最嚴重的國家之一。中國需要與世界合作應對這些問題。因此與俄和「西方」都維持友好關係應是中國的核心利益。美-歐和俄/蘇/俄的爭鬥有幾百年的歷史，與中國無關，中國不必加入任何一方，有害無益。中國宜在美、俄兩頭之間保持中立，與雙方都合作，不但符合中美俄三方的利益，也符合世界各國的期望和全球利益。

　　2. 中國要爭取朋友，最重要的當然是東南亞國家。中國不可學俄國：俄國使周邊國家都怕他、防他，個個想方設法去靠歐美以自衛；俄國失去朋友。也不可學美國過去的「門羅主義」：直到今天中南美還有國家餘恨猶存，抵死也要反美。俄、美給自己製造了敵人，那都是前車之鑑。中國對東南亞國家不可有任何霸凌、欺凌的言論和行為，更不可炫耀武力。甚至應當吃點虧而贏得東南亞各國的友誼，讓他們深信「友中」絕不吃虧。中國必須自我約束，不可趾高氣揚，氣勢凌人。在實際來往中，官民都不宜處處斤斤計較，唯我獨大，佔便宜。因小失大。在

最關鍵的南海問題上，應尊重其他沿海國同樣擁有歷史和經濟的傳統權利。最好開誠布公，開放南海島礁，與沿海各國交換共用共享，中國即使在一對一的交換中提供的較多，所得的較少，但總的結果不會有什麼損失，而贏得的友誼無價。在友誼的護衛中獲得安全。

對於其他周邊較小的國家，中國應該採取「以大事小」的國策：不必要求平等互利，不妨多讓利而換取友誼和經貿一體化的關係。英國曾有外交名言：沒有永遠的朋友，只有永遠的利益。中國傳統的交友原則卻是重義不重利。歐洲重利，戰爭特別頻繁；然而現在也成熟了，磨合合作。追求重義的國際關係，獲得朋友和盟友，才能獲得較高的安全。

3. 有的評論者把烏克蘭和台海兩個問題相提並論，因為中、俄是同一個制度，也都要以武力去完成偉業。因此兩者有可比性。在台海兩岸關係中，大陸一直誇大地宣稱台灣要搞台獨，鼓動對台灣的仇恨，不斷加深文攻武嚇，強調最後必然是殺戮式的武統。年復一年，結果反而使得台灣人感到大陸對台灣毫無親情，殺氣騰騰。台灣對大陸感到恐懼，但不會因此而投降，而是要找外國來撐腰，加強自衛。由於台灣在亞太戰略位置上的重要性，外力已經是不請自來；和烏克蘭情況一樣。台獨後台的日本則對台灣做足軟功夫，相形之下，大陸恰恰是加勁把台灣更推給日本。大陸明顯失策。必須改弦更張，以同胞手足的友愛和寬容精神，爭取台灣同胞的向心力，才有統一前途。

結論：武力不能解決問題，經濟制裁也不能解決問題，確保安全與自衛的上策是多交朋友，少樹敵人。在全球化人際來

往越來越頻繁的今天，最重要的自處和處人之道，是在國際上和在國內，都寬容接納多元化，尊重他人的人格、思想、權利和利益。共存共贏。有容乃大。天時地利不如人和。有「人和」才有和平，有安全。（2022 年 4 月）

三、試談烏克蘭和平方案

俄羅斯烏克蘭之戰是蘇聯解體後國際關係中的最新發展，現在已經發展為二次大戰後又一血肉橫飛的大型國際戰爭。已經有數萬計的傷亡，烏克蘭的國內外難民達千萬，其中四百多萬婦孺逃到國外。十幾座城市平民房舍遭到摧毀性的轟擊，財產損失將不止數千億美元。經濟生活和對外貿易中斷。俄、烏雙方代表和外交部長已經多次會談。他們各自提出的主要要求無法對接。

世界的全球化已經是牽一髮而動全身，任何戰爭牽涉到的不僅是戰場上的雙方，而是全球。特別是國際經濟貿易上的失調擴延到每一個國家，可以說無人不遭受損失。機會成本的損失更無法估計。今天人類正面臨著如氣候變化、地球生態惡化、病毒大疫等重大危機，迫切需要人類全面合作應付。俄烏之戰迫使全球合作幾乎停止，其惡劣影響將延伸到子孫後代。

「天下興亡，匹夫有責」。今天的世界，是人人有責。因此，本文提出一個大膽但自然而切實的方案，終止戰爭，恢復國際和平與合作。

俄烏戰雙方都有長期陷入泥淖的危機。俄羅斯強大而資源豐富，軍事潛力強大，並且事實上本土不虞被攻擊，立於不敗之地，可以重新部署，選擇突破口入侵烏克蘭，並以長程火力轟擊烏克蘭全國各地，使烏克蘭全境長期陷於被襲擊的戰爭狀態。因此，俄羅斯可以維持長期的侵略戰。俄國計算打消耗戰烏克蘭必然吃不消，西方各國國內和國際上都不可能堅持團結

援烏抗俄，因此有勝算。但俄國在烏克蘭消耗國力，對抗西方集團的全局形勢則是輸家。

烏克蘭抗敵精神旺盛，有西方源源不斷的武器增援，依靠本土全民抗戰的優勢，長期抗戰，不會戰敗求和，甚至能驅逐部份俄軍，收服部份失土，但是國力偏小，又不能反擊俄羅斯境內的軍事基地，因西方不願擴大戰爭，因此永遠不能打敗俄羅斯，卻長期陷於挨打態勢，不會贏得戰爭。戰爭陷入拉鋸狀態，烏克蘭完全居於被動和被殺被毀的悲慘命運。

俄烏雙方都是不贏不輸，陷入長期拉鋸戰的深淵。不但兩國將遭受長期戰爭的苦難，全世界都會連帶遭受越來越難忍受的經濟負擔。僅僅糧食危機一項就能使幾千萬人面臨飢荒。

西方國家之間，時間越長意見越不一致，難以長期支持。現在已經有土耳其為俄國說話，要求西方放鬆制裁，並不讓瑞典、芬蘭加入北約。俄國可能向土耳其表示（不是承諾）不攻打瑞典芬蘭，以麻痺和分化西方陣營。因此長期局勢也不利西方。為此，能夠推動聯合國出面，調節和促成俄烏停戰和平，乃是上策。

俄羅斯的終戰要求是：烏克蘭中立，即不得加入歐盟北約，保障俄羅斯的合法安全利益；承認俄羅斯對克里米亞的主權，和烏東兩省獨立。

烏克蘭的終戰要求是：國家獨立和主權與領土完整，即俄國退兵，歸還克里米亞和烏東兩省。烏克蘭並表示願意中立。

宏觀思考，還應當考慮前蘇聯各加盟共和國和各鄰國以及

歐盟國家的安全需要，才符合區域和全球對和平、安全、發展、幸福的期望，才對子孫後世有所交代。

考慮到以上各點，最佳的和平方案是：以瑞士模式為基礎，建立烏克蘭聯邦共和國。

瑞士是這模式的原型，是最成功的屹立了幾百年的人間樂土。瑞士聯邦中各州 Canton 高度自治，而聯邦所有公民完全平等，享有最高的人權、民權、政治社會經濟權利；國民的教育、生活、工作、居住都完全平等、自由。經濟發展水平居世界最前列。瑞士是公認的世界上最友好、和平的國家。瑞士公民在國際上廣受尊敬和歡迎。在國際上，瑞士是國際公認的中立國，不參加任何軍事性活動，兩次世界大戰都保持中立，戰後也不參加冷戰，但是參加聯合國系統各組織所有非軍事的國際活動，特別是參加人道主義活動最多。聯合國有二十幾個重要機構的總部設在瑞士；日內瓦是聯合國系統中最大的區域中心。還有很多其他國際機構也在瑞士，如全球合作進行尖端科研的歐洲核研究所 CERN, the European Organization for Nuclear Research。

瑞士是開放的國家。人人可以對他的國內、國際制度進行研究和實地考察，作為解決國內國際問題的參考。

烏克蘭可以採取瑞士邦的 canton 模式，由烏克蘭、克里米亞、烏東兩區四個單元組成烏克蘭聯邦：各邦高度自治，聯邦憲法詳細規定各邦的自治權利，各邦在聯邦內多元平等、和平共處。這個瑞士模式可以保護烏克蘭境內俄羅斯族的權利。

對外，由聯合國通過決議和簽訂條約，宣佈烏克蘭建立為

國際永久中立國，其中立地位由聯合國集體擔保和保護。

中立國制度在歐洲是有傳統的。其他有 7 個公認的中立國，其中奧地利、愛爾蘭、芬蘭、馬耳他、瑞典五國加入了歐盟，但沒有加入軍事性的北約組織。還有兩個中立國是列支敦士登和梵蒂岡。

以瑞士模式建立四方聯邦國，並且是國際中立國，將滿足所有各方的要求。他們的安全需求是相容的，不是衝突的。烏克蘭將是在北約和俄國之間的瑞士型永久緩衝國，同時滿足俄、烏、其他有關國家的安全需要。

俄、烏互不相讓的是領土問題。烏克蘭在聯合國主持下建立為瑞士模式的聯邦並中立，可以使領土問題的重要性和尖銳性大大降低。這些領土不會對俄國或任何其他國家構成威脅。烏克蘭境內俄裔的人權、公民權和安全等都獲得聯邦憲法和聯邦機制確實的保證，滿足俄國保護俄裔權利的訴求。尊重國家獨立和完整是《聯合國憲章》的最高原則，也是所有會員國一致遵守的最高原則。所以，在烏克蘭中立的框架中，烏克蘭可以獲得克里米亞和烏東兩區的歸還。

克里米亞是黑海中最具有戰略重要性的地方。不僅對俄羅斯和烏克蘭，也對其他四個黑海國家（羅馬尼亞、保加利亞、土耳其、格魯吉亞）極為重要。歸屬於中立的烏克蘭，是對所有國家最大的安全保障。

1991 年烏克蘭獨立後，把核武器全部交給國際銷毀，其一流的軍火工業也停止生產，顯示沒有國際爭勝的雄心，但也失

去核武的自衛牌。在聯合國主持下建立為國際中立國,將是對烏克蘭最好的安全保障。俄羅斯也將因烏克蘭中立而緩和與所有區域鄰國的緊張關係,有利於增進其國際地位。

聯合國是建立瑞士模式中立國的關鍵因素。聯合國建立的宗旨就是調解紛爭和維持世界和平。《憲章》第一條規定:「採取有效集體辦法,以防止且消除對於和平之威脅,制止侵略行為,……調整或解決……國際爭端……」,第二條四款規定:「各會員國在其國際關係上不得使用威脅或武力……侵害任何會員國或國家之領土完整或政治獨立。」聯合國有責任和義務參與解決俄烏戰事。聯合國是最大最權威的國際組織,有集體的中立性和公正性,比任何個別國家更能受到普遍的信任。

全世界都因為俄烏之戰導致經濟危機而受損失,從農產品到石油天然氣都供求失調,人人遭受池魚之災。在聯合國內由全體會員國參與討論俄烏和平方案,是最合理的。

聯合國可以協助、調停、協調、並主持以莊嚴的大會和安全理事會決議和條約,完成烏克蘭建立為瑞士模式的聯邦國,並擔保烏克蘭的中立。在聯合國內解決,對烏克蘭和俄羅斯都是最體面的選項,雙方都有友邦和同情者幫助他們申訴他們的訴求,而獲得最公平的結果。烏克蘭可以在遵守《聯合國憲章》的調解中獲得主權和領土的完整。俄羅斯在安全理事會中享有否決權,在聯合國機構中參與公開坦誠的辯論,能夠獲得其利益的最大化保障,比直接面對烏克蘭或北約談判更有利。

聯合國在處理國際問題上是有經驗的。二戰後曾經協助許多前殖民地國家獨立,參與制定憲法。聯合國曾經組織71個維

和部隊，阻止國際熱戰地點的戰火擴大。今天仍有 15 萬官兵在 14 個維和部隊中服務。不久前秘書長親自出面安排撤出馬立烏波戰火中的平民，可見俄、烏雙方都信任聯合國。

聯合國有能力聘請世界上最受尊敬的憲法學者和政治家參與協助烏克蘭起草聯邦憲法，既保護小邦小民族的利益，也保護大邦大民族的利益。

瑞士嚴格的中立地位，是因為從 1648 年「威斯特法利亞條約」至 1815 年「巴黎條約」的承認而獲得所有國家的尊重和遵守。烏克蘭聯邦的中立也將因為聯合國的主持，並以聯合國決議和條約加以確定和保障，將廣受各國的普遍尊重和遵守，堅實而永久。

聯合國 193 個會員國，都有維持國際和平安全的共同責任與義務。過去，大多數國家往往沒有機會發揮作用。重要問題都由大國直接出手處理，一般會員國只在被要求投票表態的時候才受到一顧。今後，聯合國會員國理應較多地參與解決同樣涉及他們利害的危機，做出維護和平的貢獻。

關於俄羅斯入侵烏克蘭的戰爭責任，和造成烏克蘭軍民損失的補償，是不可能迴避的問題。最好也是由聯合國系統的各機構分頭集體討論解決。這將是全世界各國按照聯合國宗旨與原則和人道主義精神，協助處理大國之間棘手問題的機會。聯合國機構的原則性立場，可能顯得對俄國嚴厲。但聯合國是最平和、最冷靜的談判場合，有最大的公平性與合理性，所得結果會是最公正的，當事方可以獲得最大的面子，不至於因為和平方案的偏頗而增加仇恨和怨恨，埋下未來國際衝突的隱患。

結論：烏克蘭、俄國、或聯合國任何會員國都可以在聯合國中提出這個瑞士模式的烏克蘭聯邦中立國方案。在全球共同參與下，發揮集體的智慧，使聯合國發揮其維護和平和全球發展的功能。

無論什麼戰爭，愈早結束愈好。全世界都有義務為俄烏之戰尋找結束戰爭的和平方案。和平方案必須合情、合理、合法，愈能寬容、公平愈好。使各方都感到接受方案不是一種恥辱。以瑞士模式創建烏克蘭聯邦中立國，應是最迫切而有意義的嘗試。（2022 年 6 月）

四、試觀察俄烏的消耗戰

俄烏之戰，已經進入消耗戰階段，這顯然是各方的共識。戰場形勢是雙方都不能全勝，也不會全敗，都不能認輸，必須繼續打下去，因此形成長期的消耗戰。

俄烏戰場之外，還有第二個層次的消耗戰：即美歐（可以與「西方」、「北約」視為同義詞）為一方對俄羅斯一方的戰略性對抗的消耗戰。烏克蘭是弱者，僅靠堅強的民族主義精神，不計犧牲，堅持抗戰，損失非常慘重，仍是難以支持，必須依靠美歐提供武器彈藥來支持，這是第一個層次的消耗戰。美歐之願意支持，是出於全球戰略的考慮。於是形成與俄羅斯的第二個層次的消耗戰。

因此，俄烏之戰是兩個層次消耗戰 war of attrition 的比賽，看誰先垮。一是俄烏之間的比賽，俄穩佔優勢，二是俄與美歐之間的比賽，美歐穩佔優勢。但由於雙方各有難以控制的不確定因素，前景卻難預測。

在第一個層次，俄國是大國，地大人多，不但軍力強大，而且俄資源豐富，並有專制統治的制度，是世界上唯一可以自給自足，不必依賴外力軍事和經濟協助而獨立作戰的國家。與烏克蘭對峙消耗，擁有必勝的把握。但面對美歐支持烏克蘭，在戰場上也不能取得全勝。在烏軍的反攻下還會遭遇戰場的若干失敗。然而由於美歐不准烏克蘭攻擊俄國本土，俄國本土安全，戰略上便立於不敗之地。俄軍在烏克蘭如果不順利，可以機動退回本國，不必擔心烏軍追擊。俄軍可以隨時在本國重整

兵力，選擇性地攻擊烏克蘭境內的目標，佔領烏克蘭土地，隨時可以創造局部勝利。還能不斷以飛機和導彈轟炸轟擊烏克蘭的軍、民要地、基礎設施，使烏克蘭永遠居於被動地承受巨大損失。俄羅斯因此保持長期主動的戰場優勢。因此俄國雖不能全勝，但能保持佔上風的優勢。

烏克蘭自然不是俄國的對手。俄國入侵烏克蘭，本來是有十足信心。不料沒有考慮到烏克蘭在蘇聯統治下遭受太多的苦難，激起了堅強的民族主義精神，全民抗戰，絕不屈服。同時美歐立刻給予支援，特別是曾經受俄羅斯／蘇聯吞併、佔領的國家，深知俄羅斯如果侵佔烏克蘭成功，立刻就輪到他們挨打。他們迅速積極地支持烏克蘭，給了美歐極大的鼓勵和幫助，因此美歐的武器彈藥源源不斷送到烏克蘭，支持烏克蘭抗俄不屈。美歐和東歐各國立場一致，都不會讓烏克蘭失敗，必然會在烏克蘭形勢危急的時候，給予適當的幫助，維持其不墜。同時，國際上已經在商討如何協助烏克蘭重建，使烏克蘭能夠迅速恢復被戰火和遠程轟擊所摧毀的經濟建設和生活，繼續作戰。在美歐和東歐各國支援下，烏克蘭便立於不敗之地。

但是烏克蘭卻也無法取得勝利。因為美歐顧慮引起世界大戰，不但自己不參戰，也不讓烏克蘭有能力攻擊俄羅斯境內用於攻擊烏克蘭的軍事基地、後勤基地，或指揮中心、電戰中心等。於是烏克蘭只能長期處於挨打的地位，只能收服若干失地，卻不能反攻而真正打擊俄國，陷於不能戰勝的困境。

雙方都是不能勝也不會敗的形勢。這就是第一層消耗戰。

因此，俄烏消耗戰的決定因素，在第二層次的美歐－俄羅

斯之間消耗戰的勝敗。

就可以計算的數字看，美歐一方顯然擁有決定性的優勢。無論人口、土地、資源、經濟、兵力、軍、民科技各方面，美歐都擁有絕對的優勢，美歐更基本控制著全球的海洋，而且美歐都不直接參戰，本國基本沒有損失，以軍火支持烏克蘭不但不影響經濟，更有助於軍火工業的發展和擴大就業，科技創新。幫助烏克蘭在戰火中重建，也能促進美歐各國本國的經濟迅猛發展（二戰後美國的馬歇爾計劃推動美國自己的經濟飛躍發展，是前例），美歐因此以經濟的和軍事的雙重消耗戰對付俄羅斯，分明擁有必勝的把握。

但是美歐一方卻有難以計算的政治因素。在民主制度下，美歐各國國內和國際因素都非常複雜，有無窮無盡的各方利益衝突，政治衝突，政黨衝突，不同的人道主義考慮，不一定能維持各國間的長期無隔閡合作，各國國內就會意見紛紛。以美國軍力之強，盟國之眾，在伊拉克、阿富汗都不能堅持，只能自動退出，就是證明。美歐陣營還受世界上其他國家政治、經濟、人道主義各種力量的壓力，影響各國的決心和決策，這是西方的軟肋，使他們不一定能長期堅持。

相形之下，俄國的制度卻能夠不顧民生、不顧民意而堅持戰鬥，也沒有外交上的種種掣肘。俄羅斯擁有專政型的體制，經濟、社會和民意都在絕對的政治領導下統一指揮，集中力量對外作戰，不受國內外任何干擾，使其領導能夠宸衷獨斷，長期作戰。但是俄羅斯仍必須考慮：在這第二個層次的消耗戰中，俄國是弱者，實際所受的軍事、經濟、社會損失遠大於西方，

人民承受的痛苦大於西方人民的痛苦。俄國人民對政府不能表示反對，便設法離開國家，俄國將不斷損失人口，包括不少精英人才。消耗戰持久下去，俄羅斯整體體質將耗損過大，勢必淪為二等、三等國家，徹底摧毀其在世界上的大國地位，那是最終的失敗。其次，歷史上的俄國人民也不是只承受犧牲而絕不反抗的。歷史上的俄國是革命多發的國家，引發重大動亂。第三，俄國對烏克蘭的長期屠殺和毀滅，雖然是大佔優勢，但是越發揮這種優勢，就越失去烏克蘭的民心，俄羅斯再也休想得到烏克蘭和周邊國家的友誼。戰場勝利變成戰略政略的失敗。這樣的戰爭本來不應當打，打了不應當繼續。

在第一層次的消耗戰中，烏克蘭和俄羅斯對壘，在第二層次的消耗戰中，俄羅斯和美歐對壘。烏克蘭和美歐在兩個層次的消耗戰中，已形成實戰與消耗戰的分工。俄羅斯則同時全部承擔兩個層次的消耗戰，等於是戰略上的兩面作戰，基本形勢不利。俄羅斯領導層考慮到這些基本的弱點和劣勢，必須顧慮與美歐長期消耗戰的不利前景和可能引爆的危機。

美歐和俄國雙方都有優點和弱點，進行長期消耗戰都可能滋生危機，是很大的不確定因素。當其中一方感到各種原因不能應付困難的時候，便不得不接受談判解決的出路，「少輸為贏」。則俄烏戰場上第一層次的消耗戰的命運，也將隨之決定。因此，俄烏戰的最後決定因素是美歐 - 俄雙方制度、或體制，的對比。也是各國國民素質和韌性的對比。

這兩個層次消耗戰將會繼續多久，恐怕各方至今還在沙盤推演中。戰爭是殘酷的，人死不能復生；財產和建設的損失也

是覆水難收，即使可以重建，原物還是損失了。戰爭中經歷的悲慘和苦難是難忘的。不論什麼制度，受苦受難最多的必然是普通老百姓。戰爭和消耗戰衝擊全球經濟，經濟戰又加重撕裂全球經濟，所有各國都蒙受損失。政治分裂使應對氣候變化、環境退化等的全球努力中斷，使全人類蒙受無法計算的苦難和災難。

及早設想結束戰爭，開創持久和平的新局面，應該是各國明智的政治家們理應選擇的唯一上策。

結束戰爭，開啟談判，需要有雙方都信任的第三方調停者。這第三方其實久已經存在，願意以中立不偏依的立場為所有各方服務。這就是聯合國。

在人道主義精神下，聯合國已經出面了，並且得到俄烏雙方的信任，發揮了作用。據新聞報導，聯合國系統的機構至少已經做了四項重要工作。一是協調俄烏雙方，就撤出馬立烏波的最後戰士取得協議；二是使雙方就換俘達成幾次協議；三是就烏克蘭糧食從黑海輸出達成協議；四是派專家去核電廠視察，防止發生核災難。聯合國並派出人員到現場實地，確保切實履行協議。

聯合國是人類二十世紀最偉大的發明。自成立以來，聯合國系統各機構對國際和平、經濟合作、國際行為準則、人道主義援助各方面曾經做過數不清的貢獻，挽救生命無數，協助全球改善生活和提升文明，其功勞無與倫比。聯合國現有 193 個會員國，具有多元的中立性、能集合全世界最高智慧、公開討論，公開運作，解決問題。聯合國對維持國際和平方面擁有豐

富經驗。種種成績雖然不是絕對令人滿意,但確實是任何國家、任何其他機構無法做得更好的。聯合國系統擁有眾多專門機構、附屬機構和附屬組織,會員國始終在務實地進行著廣泛的國際合作,從未間斷,是今天地球上最受尊敬和信任、最有能力的國際和平與合作機構。祈願聯合國在對俄烏之戰的和平解決中,做出最佳的貢獻。

結論:俄烏之戰最後的勝負將決定於戰場以外第二個層次的消耗戰。只有歷史才知道最後是哪一方得勝。旁觀者能夠推測的是:那將是對俄羅斯和美歐雙方國家制度和國民韌性的終極挑戰。在國際縱橫捭闔中,能得到聯合國大多數國家合作的一方勝算較大。

戰爭是殘酷的。雙方都精疲力竭,損失慘重。為了避免消耗戰曠日持久,不如及早退一步海闊天空,請聯合國出面調解,不必分勝負而停止戰鬥,恢復國際和平,共享繁榮幸福的未來。（2022 年 8 月）

五、試談俄烏戰如何和平解決

俄烏戰造成全球損失，並且是東西對壘的前哨熱戰，有擴大為三次世界大戰的可能。目前已有多方嘗試促使和平解決。可惜成功的前景遙遠。俄烏雙方直接談判不可能，需要出現有可信度的第三方來主持和談，並且提出能使各方都接受的和平方案。

俄烏戰既是俄國侵略烏克蘭的戰爭，又是俄羅斯聲稱為對抗北約東擴的自衛戰。戰爭引起前蘇聯加盟共和國和附庸國的驚恐而協助烏克蘭抗俄，同時引起北約與俄羅斯兩大壁壘的間接熱戰。戰事雖然局限於烏克蘭的一隅，卻引發能源、糧食、經濟失調的全球危機。因此，解決俄烏戰，必須滿足俄烏雙方的要求，還必須滿足東歐各國以及全球安全與和平的要求。因此必須有高瞻遠矚的方案，還須要世界各國的共同參與。

1. 今年至今挺身促和的已經有五方：

a. 中國（大陸）最早呼籲談判。習近平 2 月便提出「關於政治解決烏克蘭危機的中國立場文件」，稱對話和談判是解決烏克蘭危機的唯一途徑，並呼籲各方支持莫斯科和基輔「相向而行」。4/26 日習近平與澤倫斯基通電話。5/15 習派歐亞事務特別代表李輝訪問烏克蘭、波蘭、法、德、俄 5 國，進行溝通。高齡 100 歲的基辛格樂觀地認為，在中國努力下，談判將在本年底前完成。

b. 法國總統馬克宏 4/5 日訪華，希望習去勸說普京理性。法國自己不出面。

c. 巴西總統魯拉（Lula da Silva）4 月 12-15 日到中國進行國事訪問，隨後訪問中東的阿聯酋。事後他說：在兩國都談了俄烏和平的問題。

d. 南非總統拉馬福薩 Matamela Cyril Ramaphosa 在 5/13-14 日與普京和澤倫斯基通電話說，南非、贊比亞、塞內加爾、剛果、烏干達和埃及六國領導人和平代表團將前往兩國分別舉行會議，討論結束烏克蘭戰爭的可能計劃。俄、烏雙方都表示同意接待代表團。南非與俄、美都很友好，對俄烏戰採取中立立場。

e. 7/5-6 日，沙特阿拉伯繼哥本哈根會議初步與歐盟國家會議後，邀請美國、中國、印度、巴西、歐洲國家、日本、韓國、印尼、土耳其和南非，以及其他非洲、拉丁美洲等 42 個國家和國際組織的高級官員在沙特吉達舉行會談。

至此，亞、歐、南北美、中東、非洲都有國家出面為俄烏戰謀和。可見和平解決是全球的願望。

2. 俄、烏對各方奔走的反應都是正面的。兩國都需要爭取各方的外交支持。他們都不會得罪任何國家，對任何提議都不會拒絕，而是客客氣氣表示贊賞，請出面的國家繼續努力，勸使對方接受合理條件。澤倫斯基 Zelensky 特別對中國立刻吹捧，拉攏，表示合作。烏、中本來友誼密切，但中國在俄攻烏前表示無上限支持俄國。烏克蘭急於挽回中國的友誼；習-澤通電話後便立刻派出駐中國大使。澤倫斯基曾訪問英、美，5/13-15 再訪問義大利、教廷，德、法、英國，主要是要求各國支援武器軍火，也可能要求各國支持烏克蘭的和平條件。他 5/19 訪問

阿盟，隨後訪問日本參加 G7 峰會。其間並與印度總理莫迪會談。

俄羅斯擁有人力物力軍力的壓倒性優勢，並且隨時可以用遠程武器轟炸烏克蘭任何地方，仍掌握戰場上的攻勢主動。除對各方調停倡議表示正面回應外，在外交上沒有積極行動。

和談前途還沒有曙光，分析原因有二，一是沒有各方能接受的和平方案具體內容，二是沒有發現適當的和談機制。

烏克蘭的抗俄必須依賴歐美各國的支持，受歐美本身因素的限制，烏克蘭沒有抗俄全勝的希望，愈戰愈成為代理戰，國民和國土損失越慘重，也越來越深地依賴西方。因此烏克蘭有及早獲得體面和平的願望。

俄國已經深陷於雙重的長期消耗戰：俄烏之間的消耗戰和俄國與西方國家之間的消耗戰，沒有勝利的前景。從目前形勢看，越打越失去鄰國人民的友誼，與西方的仇恨越深。其西部邊境並不更安全。普京原來可能曾設想，俄國的制度容易保持全國一致，從烏克蘭開始，對周邊各國實行長期的蠶食政策。而西方眾多國家的國防與經濟利益互不相同，國內更有眾多利益爭執不休，難以堅持長期團結抗俄（美歐內部已經出現異聲）。然而中 - 西歐各國並非真的戰鬥精神低落，會屈服於俄國的進逼。歐盟有幾百年積累的政治智慧不可小覷，更有美國的支持。俄國打下去的前景並不看好，顯然也希望在有利條件下及早和平。

俄烏戰使全世界各國都負擔戰爭的沉重後果。能源和糧食

短缺，全球經貿體系受到割裂或破壞，產業斷鏈斷供、經濟貿易下滑，引起通貨膨脹，失業上升，所有各國都遭受池魚之殃。特別是小國、弱國，最難承受經濟和各方面損失。可以說，任何一方的勝、負，都不如及早結束戰事重要。

世界期望和平解決俄烏戰的願望是普遍而明確的。

3. 俄烏直接和談，非常困難。誰都不願意在對方的壓力下進行和談，也沒有一方能施加那樣強大的壓力。任何一方的友邦來斡旋也難，俄、烏都不相信對方的朋友，卻期待自己的友邦會給自己較好的條件。而友邦如果做不到，將會影響他們之間的關係，因此局促不前。俄烏雙方和談，也不能滿足其他國家的需要。

由俄、烏一方的友邦出面斡旋或調停，對方也絕對不信任。因此，關鍵便是須第三世界國家（指美、俄體系以外的國家）出面並提出和約方案。幸運的是，第三世界國家近年來發展迅速，在國際舞台上正在發揮越來越大的作用。發達國家已經發現，第三世界國家的崛起不可阻擋，最好積極拉攏成為友邦，聯合對抗俄、中。日本邀請參加 G7 峰會的 8 個國家中，6 個是第三世界國家：印度（南亞）、印度尼西亞、越南（東南亞）、巴西（南美）、庫克群島（太平洋）、科摩羅（非洲）。顯然具有深意：第一世界國家會支持第三世界國家倡議在聯合國討論俄烏和平。俄羅斯也漸漸重視第三世界國家，不再視為革命囊括的對象（蘇聯時期思維），而是必須拉攏。接受第三世界的調解，是深耕與第三世界關係的契機。

4. 俄烏之戰，需要有各方都能接受的和平方案。方案需要

符合 3 個必要條件：a. 必須滿足烏、俄雙方的基本要求：烏克蘭的唯一要求是主權和領土完整，不接受割地求和。東歐國家也都不可能接受。否則，俄國勢必再以北約東擴或其他藉口攻打他國，企圖獲得割地。各國恐懼俄國的軍事攻擊，勢必積極要求加入北約以求安全，又正好給俄國出兵的藉口。形成惡性循環。因此和平條件不可能含有「割地求和」的內容。其次，俄羅斯也不能輕言失敗，不會放棄已經宣布的阻止北約東擴的作戰目的。b. 必須對俄羅斯周邊國家提供安全保障，包括歐洲各國的安全需要。歐盟國家極力助烏抗俄，是為自身安全著想。自蘇聯解體後，歐洲各國的軍備就鬆懈了，大多數國家的國防預算都遠遠不到 GDP 的 2%。俄國武力侵入烏克蘭，才使他們團結起來積極抗俄。他們需要安全保障。c. 俄烏戰衝擊到全球能源、糧食、貿易和產業鏈失調，禍及所有國家。所以俄烏和議還必須考慮到保障全球的經濟安全。須要所有有關方面全部參加，以便照顧到所有各方的利益。

這三點必要條件缺一不可。顯然只有一個和平方案可以滿足全部三點要求：

5. 由聯合國全體會員國共同斡旋，調停，並提出最公正的和約方案。以大會和安理會的決議和條約，規定烏克蘭在聯合國保障下成為國際中立國。這個方案的優點是：

第一、按照聯合國《憲章》的宗旨和原則，烏克蘭將獲得主權和領土完整，包括克里米亞。克里米亞歸還烏克蘭，使黑海沿岸各國都感到安全。有烏克蘭和平方案立下先例，聯合國將不承認任何「割地求和」的和平方案，等於今後東歐各國的

主權和領土完整完全得到保證。各國都放心。

其次、烏克蘭成為國際中立國，便是在歐盟和俄國之間的永久緩衝國，永保雙方不再發生衝突，是和平的最大保障。烏克蘭對西對東都開放，各國人民都能自由進出，烏克蘭將成為東西南北和平交往的中心，經濟文化都會得到最大的發展。烏克蘭也將是北歐東歐各國通向地中海和中亞、北非的中轉樞紐。

烏克蘭境內各民族將和平相處（參考瑞士的聯邦制度），使外來勢力無從干預。

第三、瑞士中立有《巴黎條約》的保護，烏克蘭的中立將有聯合國條約的保護，可以永保鞏固。烏克蘭將是一個和平繁榮的瑞士。

這個方案能滿足俄羅斯的要求：烏克蘭根據聯合國的決議和條約成為國際中立國，可以永久阻止北約東擴，俄國西部邊境永遠安全。那是俄羅斯的勝利。

聯合國保證烏克蘭為國際中立國，表示今後各國都不以俄國為敵對國。俄國贏得各國的尊敬和友誼，有機會挽回烏克蘭的友誼，重新建立與前蘇聯加盟共和國和附庸國的友誼關係。俄國將仍是東歐和平時代的領袖，在國際關係上有更大的迴翔空間。在金磚五國（不久很可能擴大）中也是領袖，因為印度將擁俄以制中。在聯合國內，俄羅斯願意與會員國合作，採取理性的，遠見的和約方案，勢將獲得眾多會員國的好感。在國際縱橫捭闔上，獲得前所未有的能量，也是俄國的勝利。

烏克蘭中立也滿足所有其他各方的希求，首先是俄羅斯周

邊國家將感到安全。其次，東西方在歐洲的對峙從此緩和，歐盟和其他國家也獲得安全。俄—歐和俄—美關係解凍。全球迎來和平的機運。第三，全球糧食、能源、資源的流通，獲得永久性的保障。

烏、俄都曾經表示願意接受烏克蘭中立。但中立必須有國際性的法律和機構加以保障。因此，必須在聯合國內談判完成。聯合國的作用不可缺少。

聯合國《憲章》明確揭示維護國家主權和領土完整的原則。所有會員國都莊嚴贊同，是談判和約的最佳框架。只有在聯合國內，才能最好地完成談判，能以決議和條約將烏克蘭建立為中立國，全體會員國承諾遵守和平條約，包括所有大國。

聯合國是全世界所有大、小國家都平等參與的處理和平安全與發展的國際組織，為全世界各國所尊敬。從外空、海洋、安全，到經濟、社會、文化、人權等各方面，聯合國及其系統各機構的決議和宣言、條約，為全世界各國所接受，共同遵守。聯合國是所有國家的公共談判和研討的場合，有集體的中立性，能夠不偏不倚地照顧各國共同的利益。在聯合國的機制內調停和談判，各會員國不但照顧本國利益，並有義務考慮全世界的和平與發展，因此可以獲得最佳結果。俄、烏雙方在聯合國中都有眾多友邦，還有更多不願「站邊」的會員國，基於本國利益參與磨合。俄烏任何一方都不吃虧。

聯合國會議的正式決議和條約，是唯一可以使各方接受並信任的並持久的國際法。否則，大國都有私心，而且任何國家內部都會換屆，下一屆政府可能不遵守前一屆的決定。

俄、烏接受聯合國促成的和約，都不是向對方讓步，而是尊重聯合國《憲章》的宗旨和原則，接受聯合國的決議與條約，尊重聯合國會員國，並顯示對第三世界國家友好，向各國表示善意和擁護和平。聯合國會員國中，第三世界國家最多，絕大多數都曾經被外國侵略，對保衛國家主權和領土完整的原則都很堅持。他們基本會同情烏克蘭，但不願反對俄國。不是同情俄國，而是不願意美國和西方全勝，獨霸全球，對他們頤指氣使。在聯合國內，他們有機會發揮多數票的優勢，維持世界多元多極的平衡格局。

過去，世界大事向來是大國說了算；眾多第三世界國家很難發揮作用。聯合國從創始就規定安全理事會有五個擁有否決權的常任理事國，任何一國不答應，什麼事都擺不平。體現傳統的強權政治理念。第三世界發展中國家佔會員國絕大多數，卻是無權。由於聯合國規定了一個崇高的原則：國家無論大小，一律平等，一國一票。第三世界國家便擁有「國際民主」中的票數優勢。於是大國通常不把涉及本身的重要事項放到聯合國去解決，以免被小國的票數綁架，也避免被不友好的安理會常任理事國否決。隨著世界的交流越來越頻繁和開放，第三世界國家越來越獲得發展，不少國家即將崛起，將形成多元多極的格局。聯合國的國家平等概念漸漸有了實際意義。如果第三世界國家聯合起來，在聯合國大會提出議案，大會必須列入議程，俄、烏都難以拒絕參加在聯合國大會的談判。

結論，中國提出的原則中，有遵守聯合國的宗旨和原則一點，非洲把倡議提交聯合國秘書長備案，都顯示重視聯合國的

理念和機制。

　　全球人民都普遍要求自由獨立，不再為人附庸。所有國家都在發展，足以稱為「崛起」的大國或集團有好幾個。世界將進入多元多極鼎立的格局。國際平等漸漸有了實質性意義。任何「大國」都必須把爭取友邦，減少敵人作為最高國策。中國與東南亞國家關係緊張，以至各國都「國防靠美國」，是重大失策。美國過去對中南美實行帝國主義政策，仇恨延續至今，印度在二戰後與鄰國搞得關係惡劣，也都是失策。俄羅斯欲以武力恢復帝國，更是錯誤。

　　俄烏戰的和平條約，應該是將來世界和平格局的基石之一。和約最好、應該、也必須由聯合國主持簽訂。

　　多元多極的世界中，美國、歐洲是兩極，俄、中也是兩極，印度強勢崛起為一極，中東、東南亞、南美必然將各自成一極。非洲將隨即跟進。在多極世界上，所有國家都有獨立自尊的地位，也都有國際友邦，誰也不允許任何霸權國家隨意欺侮或奪取他們的土地。美國以超強國力，不能征服伊拉克、阿富汗；蘇/俄國也不能征服阿富汗、烏克蘭。這些前車之鑒使全世界認識，必須在遵守聯合國宗旨和原則的基礎上，和平共存。印度莫迪說：「這不是戰爭的時代！」那是世紀名言。

　　俄烏和平條約必須是在聯合國內調停簽訂。聯合國大會將於九月中旬開會，從現在開始，有五個月的協商、籌備期。關鍵是須要有首倡的國家。可能最好是由比較中立的印度、巴西、中東以及其他主要是第三世界的國家，共同邀請全體會員國開會討論一份聯合國的和平方案。第三世界擁有聯合國會員國中

的絕大多數，有國際道德和政治份量。俄、烏或任何聯合國會員國也都可以提案請聯合國討論。秘書長可以穿針引線，聯繫會員國，共襄盛舉。（合併 2023 年 5、6 月的兩文）

陸、增進人類生活幸福的遙想

一、世界需要合作 ── 研發海水淡化技術

　　人類歷史一路走來，為爭糧食，爭資源，爭技術而鬥而戰，直到現在。其間一路伴隨著人類苦難的水旱天災，將各種爭奪更激化。結合人間爭奪和自然災害的演變，人類下一步最大的爭奪可能是什麼？答案很顯然，是水！聯合國就早已警告，石油危機之後，下一個危機是水。水比石油更珍貴。過去很多年，石油是重要戰略資源，但將來會為水而戰。

　　日光、空氣、水，是生命三大要素，缺一不可。日光和空氣，基本是不缺的，可能被人類製造的污染而變得有害健康甚至生命。水是唯一緊缺的自然生命因素。缺乏別的物質資源，生活素質可能倒退數十年甚至數百年，但還可以活下去。石油作為戰略物資，還有代用品；沒有汽油，可以過汽車時代以前的生活。水沒有代替品；沒有水，根本不能生存。所以爭水是生死存亡之爭。

　　水在地球上並不缺乏，而是非常豐富。但地球上的總水量中，海水佔了 97.3%，不適合人類直接使用。餘下的 2.7% 淡水中，68.7% 是凍結在冰川和雪中，約 1/3 是地下水，只有約 0.3%

的淡水是可用的，分佈於湖泊、沼澤、河流和溪潤中。

中外古今，水旱災向來是最大的自然災害之一。沒有水旱災威脅的地方幾乎沒有。西方宗教有大洪災的傳說，中國有夏禹治水之說，都是觸發文明發展的重大轉折點。在歷史記載中，旱災的災害更大，死人更多，也是引發戰爭和大量國內外難民和移民的關鍵性因素。

隨著世界經濟飛躍發展和人口猛烈增加，無論農業、工業、生活用水都迅速增加。加以大量浪費，毀壞生態平衡，污染環境，排放二氧化碳，導致氣候升溫的變化，河流乾涸，降雨不規則，高山融冰加速，等等。一方面對水的需要增加，一方面淡水的供給減少，使淡水來源減少或不穩定的問題，空前嚴重。淡水不足和水旱災加速嚴重化，在許多地方已經成為常態，甚至達到危機程度。在這些問題之上，還有各國為開發綠色能源而大量攔河建造水壩，其中不少是國際河流，國際爭水事件已經浮上檯面。

水是超大的世界性問題，必須以世界性的科技與經濟合作，在政治、外交智慧的合作下，迅速解決。

1. 全球對水資源的需求每年以幾何速度增加。全球用水量在過去的 100 年裡增長了 6 倍。目前全球有 36 億人口，將近全球人口的一半，是居住在缺水地區。到 21 世紀中葉，估計將有超過 20 億人生活在水資源嚴重短缺的國家，約 40 億人每年至少有一個月的時間嚴重缺水。地上的水源不足，便抽取地下水。地下水也趨於枯竭，會引起更多問題。

淡水的總量不足，更在全球的分佈非常不均，加上水旱災變異常，地球上到處都有又旱又澇的問題。1985 年聯合國定 3 月 22 日為「世界水日」，警醒人們注意這個問題的嚴重性。

　　美國在許多方面是得天獨厚，但也缺水。西部和西北乾旱越來越嚴重，科羅拉多河接近乾涸，地下水也漸漸抽乾了。每年山火問題越來越多。

　　中國大陸是世界上最大的缺水國之一，中國人口佔世界約 20%，用水只佔全球的 7%，人均用水為世界平均的 1/4。由於自然水資源的分配不均，實際問題遠更嚴重。黃河、淮河、海河流域，耕地佔全國的 40%，水資源只有全國的 8%。氣候變暖對中國的影響特別大，青藏高原的高山積冰迅速融化，將來即將面臨斷層式的缺水問題。南亞和東南亞國家有好幾條重要河流的源頭來自青藏高原，如瀾滄江—湄公河長約 4350 公里，從中國南流經緬甸、寮國、泰國、柬埔寨和越南五國。6000 萬農、漁民仰賴湄公河維生。中國與各國已經開始有水資源爭議。美國提出湄公河—美國夥伴關係（Mekong-US Partnership）計劃，是中美全面戰略競爭的一角。

　　台灣是多山的海島，也缺水。對水資源管理一向非常重視。今年（2021 年）3 月忽然傳出近年來最嚴重的缺水危機，威脅工業用水，包括台積電的用水，一時間引起全世界半導體業的恐慌；尤其手機和電動車業的低奈米晶片的一半是依靠台積電供應。台灣的的經驗凸顯了水問題的延伸影響：任何地方缺水都可能影響全世界。

　　世界衛生組織稱，氣溫升高、降雨量多變，預計會降低許

多熱帶發展中地區的農作物產量；那些地區的糧食安全成為問題。乾旱問題將更嚴重。《聯合國防治荒漠化公約》機構稱，照現在的趨勢，到 2030 年，一些乾旱和半乾旱地區水資源短缺將使 2400 萬至 7 億人流離失所。北非和中東因為氣候變化，高溫，少雨，以及地下水越來越少，今年乾旱特別嚴重。世界各地越來越多地方因為缺水而引起難以控制的山火問題。

2. 解決淡水問題，人類的目光當然是海洋。歷史上人類早已注意到利用海水，海水化淡的設施古已有之。現代化的海水淡化技術已經有了好幾種，但都是建造成本和營運成本太高，一般是自來水的三倍，耗能高，並污染海洋環境。目前應用海水淡化技術最普遍的是中東富有的沙漠國家。沙特是全球第一大淡化海水生產國，產量約佔全球總產量的 20%。阿聯酋擁有全球最大的海水淡化廠，年產 3 億立方米淡水。而以色列最引人注目，70% 的用水來自淡化海水。以色列教育發達，國民節約用水的意識高，還有剩餘淡水供應鄰國。全球海水淡化規模以每年 10% 以上的速度增長。連非洲的阿爾及利亞也有 15 座海水淡化廠。

台灣的海水淡化技術已經發展多年，目前有 24 座海淡廠，多數在缺水的離島。

大陸 2005 年發佈《海水利用專項規劃》，2016 年發佈《全國海水利用「十三五」規劃》，提出「以水定產、以水定城」和「推動海水淡化規模化應用」。到 2020 年，已建成海水淡化工程 142 個，分佈在水資源嚴重短缺的沿海 9 個省的城市和海島。北部以工業用為主，東、南部以民用居多。

美國得克薩斯州建立世界上第一座現代海水淡化工廠。
2020 年能源部投入 900 萬美元推動太陽能光熱海水淡化技術，
加速創新。全球約有一億人是靠淡化海水才能生活。

3. 研發海水化淡技術，主要是提高效率和利用太陽能，以
降低成本，同時必須保護環境。海水淡化技術至今並沒有被視
為保密的尖端技術，希望將來保持這個原則，各國有機會共同
研發，共享技術。海水化淡需要研究利用海上豐富的日光能和
洋流能，未來並可能利用核能。因此需要研發投資和基建投資。
有財力的國家，應幫助缺乏資金的國家共同研發和建廠。建立
海水化淡廠遠比戰爭便宜，極少產生人民的痛苦，還容易得多。
當大量的淡化海水能夠填滿江河湖泊和地下水庫時，全人類的
生活和生命都有保障，經濟發展有保障。人們才能共享健康、
和平與幸福。

海水化淡工業所受地域限制最小。各行各業的技術發展，
都受一定的地理限制。如石油、鋼鐵等工業都必須建立在特定
資源的供應上，不是每個國家都有。爭取控制石油是發生國際
衝突的原因之一。海水則遍佈全球，絕大多數國家都有濱海的
邊境。內陸國很少。原料費為零。幾乎任何缺水的地方都能夠
發展海水淡化工廠。世界上密集的經濟發展區多半靠海或近海，
因此容易設計供需平衡。海水淡化工程的負面影響小，因此是
和平的工業，是國際和平合作的契機。

中國大陸估計，為在 2060 年實現碳中和，需要投資約 136
兆元人民幣（約 21.383 兆美元）。相形之下，發展海水淡化的
投資會小很多。

4. 海水化淡的好處，首先是有普遍性：只要附近有沿海岸，就能發展海水化淡工廠。而世界上缺水的地方，大多數是沿海，或離海不遠，或者是島嶼。建立海水化淡廠，便能有效利用海水而解決淡水問題。

其次，淡水產生新的經濟開發機會，例如近海的沙漠地帶能夠得到開發利用，如北非西非、阿拉伯半島、澳洲、美國西部等，將變成大面積糧食生產區和經濟開發區。還可以大面積種樹，將這些地帶改變為綠色世界，幫助緩解人類當前面臨的氣候變化危機。科學家預料海平面將上升，世界上人口稠密的沿海地帶將有大量人口必須遷徙，但是地球上幾乎沒有地方可以開發去容納那麼多人口。最大的希望是開發廣大的沙漠地帶，則海水淡化是最重要的先決條件。

第三，海水化淡可以補充若干重要的江、湖，使它們煥發新生，改變流域的生態環境、動植物繁殖、提高經濟生產，緩和氣候、提升人居的生活素質。

第四，海水化淡技術能夠全面提升人類生活：按照各種農作物不同的生長季節需要而調節供水，保障農業用水穩定。配合大棚養殖的科學調節日光空氣溫度的種、養、漁技術，人類便可以擁有高生產力的全年生產，脫離靠天吃飯的束縛。建立海水化淡的企業鏈，世界經濟將進入又一新時代。

海水淡化還能調控水災旱災等災變。

5. 合作：台海兩岸可以在海水化淡方面積極合作，台灣的優勢是教育普及，科研活潑，創新精神較高，與國外合作的機

會較多。大陸的優勢是能夠集中巨大的人力物力強力攻關，並以規模化迅速建立巨大的產業鏈。兩岸優勢互補，合作增效。兩岸可以首先與以色列進行高端科研合作，以期迅速發展海水化淡技術，並打開國際合作的窗口。台海兩岸在研發海水淡化中攜手合作，有助於化解兩岸關係，並為世界合作樹立典範。

在全球合作的層面上，中（大陸）、美的合作最關重要：在實務合作上再開啟一扇合作的大門，從而帶動國際合作，在國際組織的全盤規劃下研發、生產、調配分佈，建立海水淡化工業。研發的投入很大，但將來對世界的農業、工業、生活各方面能有重大提升，產生的回報價值不可估計。將來的歷史給兩國打分，這勢必是一個重要的評分項目。在氣候變化問題上，國際上已經談論很久，中美都承諾合作。在新冠病毒防疫和疫苗研製上，兩國拒不合作。海水淡化則是又一個良性合作契機，沒有競爭，沒有勝利的一方或失敗的一方，而惠及全人類。

結論：全人類面臨一個新的挑戰，即共同研發海水化淡技術，按照各國需要，配合氣候和地理地形，建立海、陸海水化淡工廠供水系統的基礎建設和產業鏈，引領其他新產業的發展。

水是人和所有動、植物必須共享的必要資源，人類應該幫助動、植物獲得淡水，乃是與萬物和諧共生共存的必要條件。人類從而提高自己的生活質量。隨著氣候變暖，乾旱問題和沙漠化問題將更趨嚴峻。全世界合作加速海水化淡技術的研發刻不容緩。

海水淡化基本不涉及爭奪資源問題，只涉及技術研發和技術共享的問題。這問題不妨交由聯合國機構去商討解決。聯合

國的《海洋法公約》已經規定全世界的公海由全人類所共有共享，個別國家不可據為己有。不妨再以國際公約方式，規定將海水化淡的技術知識產權捐獻為全人類的公有財產。將是聯合國增進世界和平與繁榮的又一貢獻。

　　海水化淡企業將增加淡水的量和分佈，減少各國間的用水不均和發展不均，從而改變世界的生產格局和國際關係，減少國家間的競爭，爭霸，增進和平共處的國際關係，將是對全人類幸福的莫大貢獻。（2021 年 9 月）

二、試想太陽能電場建為人居城鎮

聯合國氣候變化會議舉行了第 27 屆締約國會議。氣候變化是公認的影響全人類的重大問題。所有國家都承諾盡量減碳；排放大國都提出了明確的減碳目標。以可再生能源 renewable energy（或清潔能源、綠色能源）取代化石能源 fossil fuel，是大勢所趨。俄羅斯入侵烏克蘭，更使歐洲以至全球認識到能源短缺的危機。歐洲的電費猛漲達 20 倍、30 倍。經濟危機進而影響政治動向。

1. 各國都在盡力探索各種新能源的開發。其中，太陽能是最主要的，比風能、核能、生物能都更重要。氫能還在開始。太陽能取之不盡，用之不竭，但也有其缺點。沒有太陽照射的時候，便不能生產太陽能電源，因此必須設法儲蓄電能，或到處大規模設場，建立大電網系統，各種電源聯通互補。更大的缺點是，太陽能電場的鋪設，需要大量土地，付出非常大的資源代價：土地本身就是不可再生的有限資源。世界人口越來越多，居住用地日益缺乏。各種新舊工業、礦業都要使用土地，發展交通更佔用大量土地。由於氣候變化，海水平面上升，不久的將來全世界海洋沿岸的大量土地可能被淹沒。這些地帶密集的人口將大規模向內陸遷徙，又須要尋找大量新土地。土地越來越成為稀缺資源。爭奪土地自古以來就是引發戰爭的最重要因素之一。因此，在開發太陽能的同時，有必要設想如何高效利用寶貴的土地資源。否則，利用一種不可再生資源去生產另一種不可再生資源，無異於飲鴆止渴。

2. 關於太陽能電場需用的土地，有不少估計，多少並不一致，但都很巨大。美國普林斯頓大學的一項研究認為，美國為達到全面減碳，風能和太陽能將使用或實際影響到 59 萬平方公里的土地，大致相當於康乃狄克、伊利諾、印第安納、肯塔基、麻薩諸塞、俄亥俄、羅德島和田納西八州的總面積。 脫碳建設的用地不亞於電氣化建設或州際公路系統建設的用地。

比照以上數據，中國人口是美國人口的四倍，未來清潔能源的用地，將是美國的四倍，約 240 萬平方公里。

又一項估計認為，僅以太陽能而言，以現有的技術條件，提供全球的能源需求，需要 45 萬平方公里的土地。中國人口佔世界 1/5，即需要 10 萬平方公里土地。這是計算密集鋪蓋太陽能板的面積。實際建造的太陽能電場，必須場內場外都有各種間隔和交通以及相關設施用地。實際的需要遠不止此。

中國大陸也做了各種研究。據一項估計，實現碳中和願景，2060 年風電和光伏裝機量需要高達 60 億千瓦以上。a. 按裝機密度計算，60 億新能源裝機，需要將幾乎整個華東地區（上海、江蘇、浙江、安徽、福建、山東、江西）「全覆蓋」。b. 按分散式光伏計算，需要用地 66 萬平方公里，約佔國土面積的 7%。中國高山、沙漠佔國土總面積的一半多，在另一半人口密度很高的國土中，實在難以擠出那麼多土地。

任何國家都面臨土地資源不足的挑戰。於是，利用太陽能板下的空間，勢必是當前必須認真思考的緊急課題。

3. 太陽能電場下的土地，不能僅僅是用於覆蓋太陽能板而

已，還必須兼用於居住和生產。換一個說法，即將太陽能板場架設在居住和生產性建築之上。

現在很多家庭的屋頂上鋪設了太陽能板，以節省公共電源。美國紐約市許多居民區全面鼓勵屋頂鋪設太陽能板，由政府負擔全部費用。新加坡是運用各種新概念最先進的城市之一，城市密集的各種各樣房屋屋頂都改造裝設了太陽能板。太陽能板下面的居住和各種經濟、社會活動，完全正常。證明這個概念是實際可行的。

網查資料稱，中國大陸 2021 年夏啟動一個試點計劃。在幾個省推動若干縣、市、區，與企業合作，在 2023 年底之前，將 50% 以上的機關建築、40% 以上的學校、醫院等公共建築、30% 以上的工商業廠房、20% 以上的農村居民住屋屋頂上安裝太陽能設備。

4. 將以上在屋頂裝設太陽能板的做法擴大，便是設想建立太陽能板場下的城鎮：先規劃新建城鎮，各街道間的街區房屋blocks 成片地設計為同等高度，屋頂都鋪設太陽能板。各街區的屋頂平台之間以天橋連接；不同高度的街區屋頂之間，則以自動扶梯連接。使整個城市屋頂上的大面積太陽能電場完整連接，便於管理、維修和進行科研工作。在太陽能板場下的城鎮，住宅區和各種功能的產業園區、街道、空地、各種服務設備等等，與正常的城鎮相同，使居住、生產以及其他活動，完全正常。

現在的太陽能電場多是建在人口稀少，土地利用較難的地方。將來那些太陽能板場下的新建城鎮因為有能源可用，可以

成為適宜居住和生產的地方，不再荒涼。而現有的城鎮上面，可以加蓋太陽能板場。

5. 太陽能電場下的城鎮可以發展各種企業。

農業：太陽能板可以做到極薄，太陽能板下與大棚種植的環境相似。現代的農業已經逐漸推進到節土、節水、節能、節肥、調光、減污、高產的全天候立體農場，太陽能電場下的多層建築空間，適合發展未來型的科技農業，提高土地利用率，擴大生產，解決糧食和飼料不足的問題。

畜牧：室內畜牧是新興企業，與大棚種植一樣高效高產。利用光牧互補，現代生物技術、信息技術、新材料和先進裝備等，太陽能板下是發展畜牧業的好地方。

製造業：製造業本來就是室內產業，在太陽能電場下發展各種製造業，正好利用太陽能電場電源充沛的優點。

漁業：在水上建立的太陽能板場城鎮，其下方的水域將是優良的自然養魚場和人工養魚場。

6. 在水面上架設浮筏，躉船，浮橋，或浮島（筆者曾有另文遙想浮島， 見拋磚引玉集1），則沿河和沿海的水上，可以鋪設大面積的可居住平台，在平台上建立太陽能電場的小城鎮，比陸地上的太陽能電場城鎮還多兩重重要功能：1. 沿河沿海的水上太陽能電場城鎮可以建在已經有的城市附近，就近提供電力，並與河岸、海岸上的城鎮的生活和產業配套，形成綜合利用水、土的人居空間和產業園區；2. 水上的太陽能電場城鎮可以在平台下從事水產養殖，與平台上的農業、畜牧業、製造業

形成功能互補的產業群落。

各地大小湖泊中可以因地制宜，建設水上的太陽能電場小城鎮。新加坡已經在水上建立太陽能電場，但仍是像在陸地上那樣，在水面上鋪設平台，架設太陽能板。如果加強水上平台的承載能力，便能夠建立水上的太陽能板電場城鎮。

世界上有許多小島嶼國家，四周環繞著寶貴的海洋資源，卻無法利用，竟多半是最貧窮國家。問題就是缺電、缺淡水、還缺地，如果配合海水化淡技術，建立綜合的水上太陽能電場下的小城鎮和海水化淡廠，水、電、地三者俱備，既能居住，又能從事各種生產，立刻便有了發展前景。面臨氣候變化和海水平面上升的威脅時，他們也將擁有新的土地和水、電資源，延長國運。

7. 水上太陽能場的概念可以推廣應用到沙漠中，既生產電能，又兼保護稀有的沙漠中的水資源。沙漠地帶降水少，人類難以居住和進行生產活動。但是在靠近高山的地方，仍有融冰形成的河流，只因水蒸發的問題嚴重，河水在沙漠中逐漸蒸發消失。新疆塔里木盆地中的河流，都是流到中途變乾涸。塔里木河長2300多公里，流域面積100多萬平方公里。有很多支流，僅和田河就長達1100多公里。如果沿河搭建河上的長片水上浮橋浮島，上鋪長片的平台地面，平台上建城鎮，城鎮上鋪設太陽能板的電場，則既可以發電，又可以減少河水的蒸發，保存河流水量，延長河流。同時，河上的太陽能電場城鎮，可以協助河流沿岸再建立岸上的太陽能電場城鎮，水、土連片的太陽能板場城鎮，能綜合開闢利用沿河的水與土，開闢新的生活空

間。

由於氣候變化導致海平面上升，沿海低地的大量人口必須內遷。在沿海建立海上的浮島太陽能板場城鎮，可以遷移容納部份的人口和產業，舒緩人口被迫遷徙的壓力。內陸由於氣候變化而生態發生巨大變化時，也將迫使大量的人口遷移。太陽能電場城鎮將是因應這人口變遷的新城鎮建設模式之一。

世界上有許多沙漠地帶是瀕臨海洋，或離海洋不遠，例如阿拉伯半島、澳洲、非洲北部與西南部。缺淡水缺電，難以生存。在沿海的水上建立太陽能電場，可以提供電力，以電力建設海水化淡廠（筆者有另文論述），便一舉解決水、電兩大問題。沿海的沿岸陸地上的太陽能板場城鎮，可以成為新生的大片宜居地，發展經濟。

8. 建立太陽能板廠下的城鎮，還是夢想。問題很多。但技術本身並非問題。可舉 3 點：1. 城市設計和改造。現在的太陽能電場非常單調，淒涼，毫無美感。將來因利用太陽能板而設計新城鎮和改造舊城鎮城市，應乘機美化設計，優化環境，提升生活素質，從而吸引人們去居住。2. 環境保護特別重要：必須研究處理生活和生產排污排毒的科技，使太陽能電場下的城鎮不造成新的空氣、水、土污染問題。塑料業產生大量危害環境和健康的結果，是前車之鑑。太陽能板的壽命只有 30 年左右，廢板內含硫酸一類的有害化學物質。今後對太陽能板和有關材料的廢舊部件，必須徹底回收利用 recycle，或安全銷毀，以保護母親大地，保護江河湖海上的生存空間。不可以重蹈塑料產品污染土地和海洋的覆轍。3. 最棘手的是政治問題：新能源是